空き家は使える!

戸建て賃貸
テッパン投資法

宮崎俊樹(サーファー薬剤師)

【 2ndエディション 】

技術評論社

- 本書は情報の提供のみを目的としています。最終的な投資の意思決定は、お客様ご自身の判断でなさるようお願いいたします。本書の情報に基づいて被ったいかなる損害についても、著者および技術評論社は一切の責任を負いかねます。

- 本書に掲載されている情報は2024年12月時点のものです。ご利用時には変更されている場合もありますので、ご承知おきください。

まえがき

日本には空き家があふれています。

総務省の統計によると、日本の空き家率は２０２３年の数字で**13・8％**。**10戸に1戸以上は空き家**なのです。しかも空き家は年々増え続けて、空き家率も毎年過去最高となっています。

ひと口に空き家といっても、それは「廃墟」などでは決してありません。空き家のうち、じつに70％以上が「活用可能な空き家」であることをご存じでしょうか。

十分活用できる状態のままで空き家が放置され続けているのは非常にもったいないことです。戸建て物件の素晴らしさを何度も実感してきた不動産投資家にしてみれば、**それは宝の山にしか見えません！**　私はいままで30戸以上の戸建て物件を買ってきましたが、**購入したときはそのほとんどが空き家**でした。

日本各地にあふれている空き家。その空き家がどのようにお金を生み出すガチョウへと変身していくのか？

この本のなかで明らかにしていきます。

それでは、まずはご挨拶から。

はじめまして、宮崎俊樹と申します。ネットでは**「サーファー薬剤師」**の名で活動しています。

私は薬科大学を卒業後に薬剤師の国家資格を取得。その後かねてから憧れていたオーストラリアにワーキングホリデーに行き、サーフィン、パーティ三昧の生活を送ったのち帰国。「さあ、これからはイッパシの社会人としてしっかり自分の足で立っていこう」と薬剤師として働き始めたのですが、最初に勤めた会社はわずか1年で退職。その次の会社も1年もたずと、二度も短期退職を繰り返したのです。

社会人にはなったものの自分のなかで「これ！」という目標を見出すことができず、何をしていいのかわかりませんでした。

その後パートで薬剤師をしながらネットショップを立ち上げ、インドネシアからハンモックチェアを輸入するなどしたりしましたがこれもうまくいかず。ＦＸに手を出し最初は儲けが出ていたので、「これでオレは飯を食っていける！　蔵を建てられるぞ！」とビギナーズラックでイタい勘違いをしましたが、結局ヤケドして撤退するなど、まさに迷走していたのです。

そんなとき、私はとあるセミナーである男性の隣に座りました。

セミナーがスタートして講師の先生が話を始めます。すると先生は隣の男性について話をしだしたのです。

どうやら隣の男性は本を出版している有名人のようです。その人はヒゲを生やした優しそうな雰囲気のお兄さんでした。

私がヒゲのお兄さんに「何の本を出版しているのですか？」と聞くと、不動産投資に関する本だといいます。

その人は、ベストセラー『まずはアパート一棟、買いなさい！』（ＳＢクリエイティブ）で知られる石原博光さんでした。

セミナーのあと、セミナー参加者みんなで秋葉原のヨドバシカメラに石原さんの本を買いに行きました。その後の飲み会には石原さんの姿もありました。

私はビールジョッキを握りしめながら食い入るように石原さんの話に耳を傾けていました。そこで不動産投資のお話をいろいろ聞かせてもらったのですが、当時の私にとっては衝撃的な内容ばかり。

いままでろくに本も読まなかった私ですが、石原さんが出している本を読破したのを皮切りに、それ以外の不動産投資の本も読み漁るようになりました。不動産投資の軍資金をつくるために自宅も家賃６万円の戸建てから３万円台のアパートに引っ越し。私の生活は一変して、完全にスイッチが入った状態になりました。

それまで家にいるときは見たくもないテレビを見てはダラダラ過ごしていたのですが、テレビは一切付けなくなり、その代わり不動産投資の勉強をするようになりました。不動産投資の本はもちろん、ビジネス書や哲学書まで手を広げて読みふけり、そのうえで「自分はこれから不動産投資をやっていこう」と決意したのです。

人生が変わるまでには4つの段階があるといわれます。考えが変わり、行動が変わり、習慣が変わり、人生が変わる。皆さんも聞いたことがあるはずです。これは結局、**自分の頭のなかで思い描いたことしか現実にはならない**ということなのだと思います。

それまでの私は、目標が見つからない、何をしていいかわからないというなか、それでも何の根拠もなく、成功できないかな、と考えていました。それでネットショップをやってみたりFXに手を出してみたりしたのですが、頭のなかが変わっていなかったので生活も人生も変わることはありませんでした。

自分のことを少し冷静に見つめられるようになった私は、2012年に1戸目の物件を購入。**地方に建つ空き家の戸建て物件**です。それからも地方戸建て物件をターゲットに不動産投資を行い、これまでに37戸の戸建てを購入してきました。ずっと物件を持ち続けるスタイルではなく売却もしているので、現在所有している戸建ての数は22戸です。そのほかにアパート1棟の運営と民泊宿泊事業も手がけています。

戸建て物件の平均表面利回りは26・2％。家賃収入はアパートを含めると月に164万円で年間1968万円になります（この本では**表面利回りは「年間賃料 ÷ 購入価格 × 100」**、**実質利回りは「年間賃料 ÷（購入価格 ＋ 初期費用 ＋ リフォーム費用）× 100」**で計算しています）。

私の投資法では、一般的に不動産投資で重要視されている積算評価などの物件の資産価値は無視します。RC物件をフルローンで購入するような投資法を勉強している方はビックリするかもしれませんね。

私が購入してきた戸建て物件の価格は1戸あたり平均で268万円。都市部のまん中に住んでいる人たちからしてみたら信じられない値段かもしれません。「それは本当に土地の分も含まれてるの？」と聞かれることもありますが、もちろん建物だけでなく土地込みの値段です。

このように少ないキャッシュで始められることも、空き家を中心とした地方戸建て賃貸投資の魅力の1つです。低額で物件を購入し、少ない借金で高利回り・高収益を追求するスタイルなので、**多額の借金を抱えるのは嫌、重たいリスクを背負うのも嫌、でも不動産投資がしたい――そんな人にピッタリの投資法**なのです。

不動産投資のなかでも少しマニアックな地方戸建て投資の世界を、これからじっくりとご紹介していきたいと思います。

第1章 戸建て投資にはチャンスがある! そのワケは?

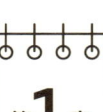

CONTENTS

第2章 高利回り戸建て物件購入ドキュメント

第3章 テッパンの戸建て物件はどこにある？

CONTENTS

第4章

戸建て投資家が内見前・内見時に必ずチェックすること

CONTENTS

第6章 戸建て物件を生かすも殺すもあなた次第

CONTENTS

CONTENTS

第1章

戸建て投資には
チャンスがある！
そのワケは？

不動産投資のなかで「地方戸建て」を選んだ理由

私が不動産投資の一歩を踏み出し始めたころ、忘れられない1冊の本に出会いました。企業コンサルタントとして著名な竹田陽一先生が書かれた『小さな会社・儲けのルールランチェスター経営7つの成功戦略』（フォレスト出版）です。

本のなかで語られるランチェスターの法則は、もとは第一次大戦中にイギリスのフレデリック・ランチェスターが確立した戦略理論なのですが、現在では企業のマーケティング戦略として広く応用されています。

このランチェスターの法則には2つの戦略があります。強者の戦略と弱者の戦略です。強者の戦略は、サラリーマン大家さんなど一般的な兼業不動産投資家には無縁ですからここでは割愛させていただきます。

私が注目したのは**弱者の戦略**のほう。弱者の戦略を一言でいえば、「弱者は競争が少ないニッチを攻めろ！」というもの。大きなマーケットは資本力がある強者の戦場。そこで弱者が戦いを挑んだところで負けは明白。弱者は強者が狙わないような小さなマーケットでゲリラ戦を挑め、というものでした。

不動産投資に置き換えると、**一般的な兼業投資家は弱者**です。**弱者が狙うべき小さなマーケットとは、私にとっては地方、そして戸建て物件**でした。

都内で行われる不動産投資セミナーに顔を出すと、いまも盛況なところが多いようです。都内には勉強熱心な大家さん（とその予備軍）が数えきれないほどいます。潤沢な資金を抱えている方も大勢います。

ですが地方の物件の大家さんはどうでしょう。

地主系の大家さんが多く、不動産投資の勉強にもあまり熱心とはいえません。

以前、私自身が住むために戸建て賃貸物件を探していたときのことです。仲介業者に何戸か賃貸用の戸建てを案内してもらいました。内見して驚いたのですが、ほとんどの物件がまともにクリーニングされていませんでした。庭の雑草は伸び放題でジャングルと化しています。しかもそのような物件に限ってなぜか強気の賃料設定です。何が起こったのか室内でダンゴムシが大量死している物件もありました。壁紙を見るとカビだらけで、仲介業者にそのことを指摘すると、「入居が決まったら壁紙交換するみたいですよ」なんて悠長なことをいっています。

これが地方の大家さんのレベルです。競争が激しい都内の賃貸物件では考えられないことでしょう。孫子も「善《よ》く戦う者は、勝ち易きに勝つ者なり」といっています。**「戦い上**

地主系の大家さん

先祖代々土地を所有し、その土地や不動産を活用して家賃収入を得るスタイルの大家さんのこと。すでに所有している土地にアパートや戸建てを建設し、長期スパンで不動産を運営することが多い。長期的な資産形成を目指し、安定的なキャッシュフローを重視する傾向がある。また、所有する土地や物件に対する愛着が強く、地域に根ざした経営を行うことも特徴。

手な人は、勝ちやすい人に（機会に）勝つ人だ」ということです。

また、参入障壁の観点からも地方は有利です。

まず、資本力のある強者が地方で戸建てをチマチマやっていくのは効率が悪い。そして地方は人口減少が激しく、空き家リスクが高いという先入観があります。実際に空き家は多いのですが、そこにはやる気の乏しい大家さんの物件がかなりの割合を占めていることが多いのです。投資家の方々は地方の高い利回りには非常に興味を持たれているようですが、本当に賃貸が付くのかどうか心配で二の足を踏んでしまうようです。

また都市部に住んでいる投資家さんからすると、地方の物件は遠方の物件ということで内見に行くのも一苦労ですし、基本的に地方の物件は融資が付きづらいので買いにくいことも障壁の1つになります。

これらの理由から、私は**ライバルが少なく、かつライバルが弱い地方エリア**で不動産投資を行っています。

資産価値よりも“いくらの家賃をいただけるか”

もう1つ、私が地方物件を選ぶ理由があります。

都市部の物件と地方の物件では、資産価値に大きな違いがあります。当然、都市部の物件のほうが資産価値が高いので物件価格が高くなります。では、**その分高い賃料を設定できるかといえばそうでもありません。**

たとえば同じスペックの戸建てが、私の住む千葉県でも都会のほうの船橋と少し田舎のほうの九十九里にあったとします。資産価値は圧倒的に船橋の物件のほうが高いでしょう。ですが船橋の物件は、それに見合うだけの高い賃料をいただけるかといえばそうでもありません。

九十九里で6万円の賃料をいただける物件と同じスペックの物件があったとして、船橋では7～8万円くらいの賃料になると思います。しかし物件価格は九十九里で400万円とすれば、船橋では700万円くらいはします（あくまで一例の数字です）。

資産価値を測る指標の1つに**積算評価**があります。

銀行は主にこの積算評価で物件の資産価値を測るのですが、積算の評価が高いからといっても、売却するときにその値段で売れるとは限りません。積算評価が600万円でも売却価格は500万円にしかならないかもしれませんし、積算評価300万円の物件が400万円で取引成立となるかもしれません。

物件の資産価値が大事になってくるのは銀行からお金を借りるときだけです。資産価値

積算評価

不動産を評価する指標の1つで、主に銀行が担保評価額を測る目安として用いている。物件を担保に入れて借入をする場合は、銀行では積算評価によって担保価値を判定し、融資額を検討する。積算評価は土地の資産性や建物の築年数などが重視され、物件の収益性は考慮されずに算定される。地方戸建ての場合、築浅物件やかなりの好立地に建つ物件でなければ積算評価は低くなるため、物件を担保に銀行から借入を起こすことは難しくなる。

が高いことは融資を引き出すときに有利に働きます。それ以外は資産価値が高ければ固定資産税が高くなりますし、いいことはありません。

深刻な空室率に対抗できるのは戸建て物件

少子高齢化とともに人口減少が進んでいます。それにもかかわらず賃貸物件は増え続けています。なぜ人口が減少しているのにアパートをはじめとした賃貸物件を建て続けるのでしょうか？

その原因の1つは相続税にあります。

日本の相続税法は**ただ土地を持っているよりも、その上にアパートやマンションを建てたほうが得する仕組みになっています**。そのため、アパートやマンションから利益を得られにくくなっても、「相続税が減らせるなら」と考えてアパート物件を建設する人がいるわけです。

日本の賃貸住宅の空室率はおおむね右肩上がりが続いており、18%オーバーが当たり前になっています。これからもアパート物件は供給されて物件数が増えていくけれど、人口減少で住む人は減っていく。価格競争が激化して賃料は減少一途をたどり、不動産賃貸業で利益を出せなくなってしまう。

賃貸住宅戸数と賃貸住宅の空き家率推移

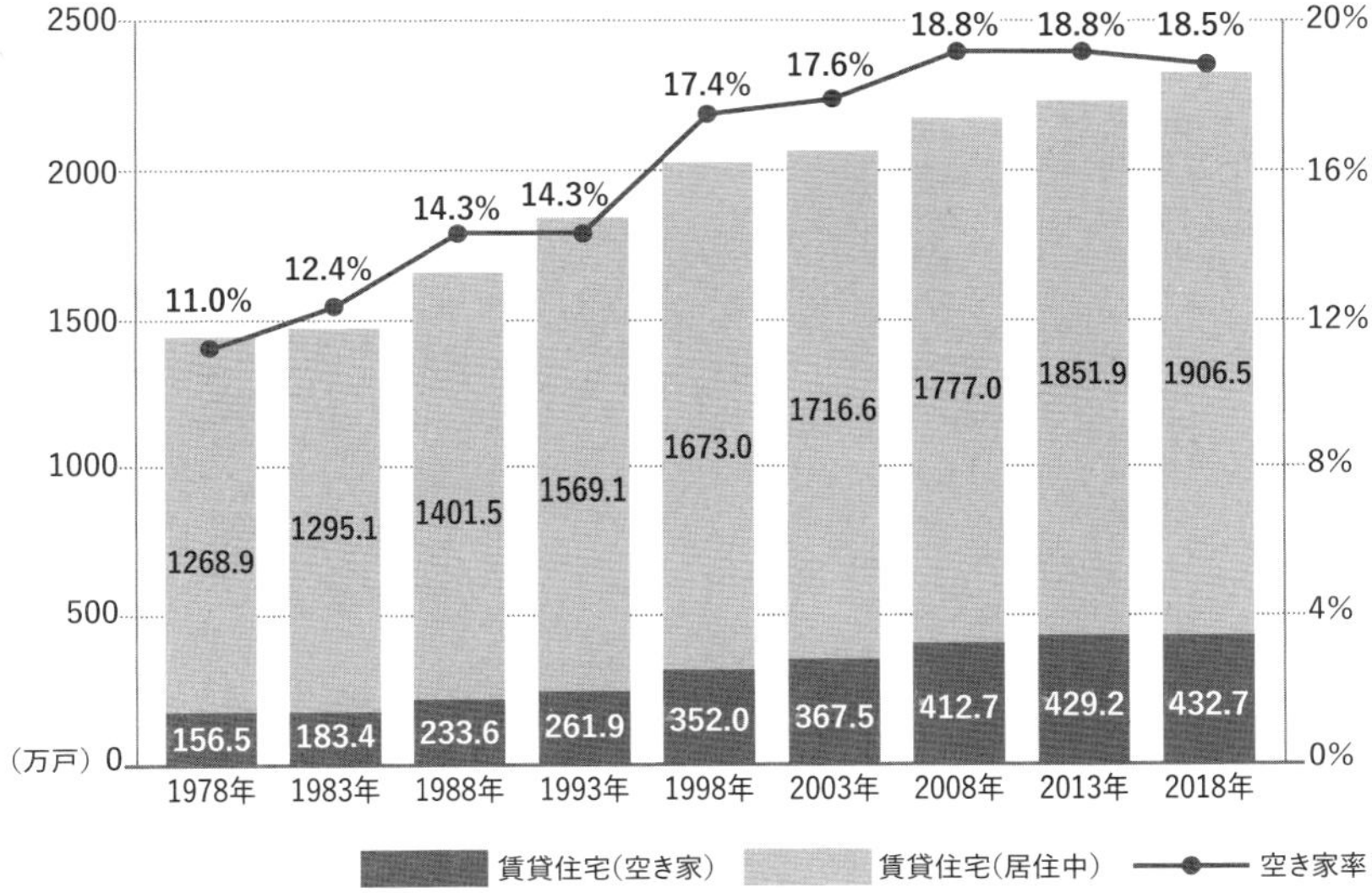

出所：ガベージニュース「賃貸住宅の空き家率推移」 https://garbagenews.net/archives/903091.html

このような状況で兼業不動産投資家がアパート物件を運営していくのは簡単ではありません。

戸建て賃貸の場合は、私の経験からいうと、求められる量に対して供給できている量が十分ではないため、不動産賃貸業受難の時代にあっても賃貸は付きます。

私にいわせれば、**賃貸物件の最後の砦が戸建て賃貸物件**です。戸建ての需要まですっかりなくなってしまう地域があるとすれば、もうその地域には賃貸の需要はないと言い切ってもよいのではないかと考えています。

初心者の方に戸建て賃貸をおすすめする理由

初心者の方がいざ地方に建つ戸建て物件を買うとなったとき、まず不安になるのは**「本当に借り手が付くのかどうか」**だと思います。

ここで考えないといけないのが需要と供給の関係です。いくら安い物件を買っても客付けできなければ意味がありません。アットホームやスーモなどの不動産ポータルサイトを見てもらえばわかりますが、先ほどお話ししたとおり地方でもアパート物件はたくさんあります。

一方で**戸建て物件は少ない**のです。

たとえばアットホームで千葉県M市の賃貸物件を検索してみると、ヒットする物件数は952件でした。これに戸建て物件の条件をプラスして絞り込みをかけると52件まで減少します。**20分の1にまで減ってしまう**ということです。しかも、この52件には**テラスハウス**物件も含まれているので、独立した戸建ての戸数は52件よりもさらに少なくなります。

この一例からも**戸建て賃貸は「需要＞供給」**というイメージをつかんでもらえるでし

テラスハウス

一般的に1階建てまたは2階建ての連棟住宅を指す。それぞれの住戸が独立した入り口を持ち、隣接する住戸と壁を共有する形式の住宅のこと。

ょう。

実際のところ、私が所有している戸建て物件の大半が募集から1カ月以内で客付けができています。それくらい戸建て物件というのは客付けで優位なのです。もっとも、いくら客付けしやすい戸建て物件であっても、まったく賃貸需要がないエリアでは客付けで難儀するのはいうまでもありません。当然のことながら戸建て物件でも事前のリサーチが欠かせません。

やってみてわかった！戸建て賃貸のいいところ

私が不動産投資をしているエリアでは、築30年前後の物件を300〜400万円程度で購入することができます。それくらいの金額であれば人によってはキャッシュで買い付けられるでしょうし、融資を受けるとしても数百万円程度で、RCマンションやアパートのように数千万、数億単位の負債を背負う必要はありません。

想像してみてください。

数千万、数億の負債を抱えて、そのリスクをコントロールできますか？

不動産投資には空室リスクや滞納リスク、金利変動リスク、自然災害リスクなどがあり

RC

「鉄筋コンクリート造」のこと。RC造の物件は担保価値が高い場合が多く、木造の物件と比較すると融資が引きやすくなる。RC造の特徴の1つは法定耐用年数の長さ。RC造の物件の法定耐用年数は47年で、木造物件の22年と比較するとかなり長い。銀行は融資する際に法定耐用年数を目安に融資期間を設定するため、銀行から長期間の融資を引くことが可能になる。反面、固定資産税が高く、修繕にも多額の費用がかかるので維持管理費が高くつくことを覚悟しなければいけない。

ます。下手に自分の器にそぐわない物件に手を出してしまうと、いつも胃が痛い思いをして眠れない夜が続くことになってしまうかもしれません。豊富な投資経験を持っていたり、潤沢な自己資金が控えていてリスクコントロールできる方なら別ですが、これから不動産投資を始める方には、いきなり大きな負債を背負うことはおすすめできない、というのが私の意見です。

複数のカゴを用意するのがカンタン

「卵は1つのカゴに盛るな」。株をやっている方には耳にタコの格言ですね。

手持ちの卵を1つのカゴに入れていると、万が一落としてしまった場合に全部の卵が割れてしまう。だから複数のカゴに取り分けて、万が一のときにも全部がダメになってしまわないようにする、という意味です。

株でも不動産でもリスクヘッジは必ず考えておかなければいけません。株では1つの銘柄に絞るのではなく、できるだけ広いジャンルの銘柄に分散して投資しなさい、と入門書に必ず書いてあります。

これは不動産投資にも当てはまることです。

たとえば、即サラリーマン卒業を目指して金融機関から多額の融資を受けてマンション1棟を購入したとします。縁起でもない話ですが、そこで事件や事故が起きてしまった場合どうなるでしょうか？　物件に**致命的な瑕疵**が発覚した場合はどうでしょう？　天災に見舞われてしまった場合はどうでしょうか？　ある程度保険でカバーできる部分はありますが、そこに大きなリスクがあることに変わりはありません。

戸建て賃貸であれば各地に分散させて複数戸の物件を所有することは難しくありません。万が一のときに被害を最小限に抑える分散投資という観点からも戸建て投資はやりやすさがあります。

経験を積むのにもってこい

戸建て投資はリスクを抑えながら物件を購入していけます。その少ないリスクと反比例するように着実に経験を積み重ねていくことができます。

多くの大家さんが「最初に買った物件はいまの自分だったら購入しない」といっているのをよく耳にします。そのときはよい物件だと思えても、時間がたって経験を積んだ目で見ると、実際はあまりよい物件ではなかったということです。不動産物件購入に限らず、はじめてのときは誰しも失敗する可能性が高いものです。

プロの料理人は一度もつくったことのない料理をいきなりお客さんに出したりはしませんよね。最初からうまくつくることなんてできませんから、何回か試作してからその料理を供するはずです。

致命的な瑕疵（かし）

建物の安全性や価値に重大な影響を及ぼす欠陥や問題点など。具体的には、建物の構造に関わる深刻な損傷（基礎部分の大規模なひび割れや崩壊のリスク、シロアリ被害、腐食など）のほか、法律や建築基準を大きく逸脱した設計・施工が該当する。こうした問題は購入者が物件の価値を正しく評価することを妨げ、修繕コストの増加や安全上のリスクをもたらすためとくに注意が必要となる。

ですが**不動産投資は料理のように練習なんてできません。実際に物件を購入しなければ経験にならない**のです。

低価格・低リスクの物件を1戸ずつ積み重ねていく戸建て投資の手法であれば、経験を積んでいくことによって物件購入で失敗するリスクを減らすことができます。

物件を購入し続けていれば、不動産業者をはじめとして徐々にいろいろなコネクションができていきますから、よりいい物件を安く購入したり、安くリフォームを仕上げたりできるようになっていきます。投資実績が増えてくれれば金融機関の評価も上がりますので、有利な条件で融資を引き出すこともできるようになるでしょう。

まずは戸建てから始めて、十分な経験を積めたら次のステップとしてアパートなどの一棟物に進むというのも1つのやり方だと思います。

管理で振り回されない

入居者からのクレームや家賃滞納などは大家業をしている限り避けて通れない問題で、大家さんの悩みの種です。複数の入居者から同時多発的に「アレが壊れた」「アレの調子が悪い」「アノ入居者がうるさい」なんてことになったら、初心者の方はいきなりキャパオーバーになってしまうでしょう。

そんな悩みは極力少なくしたいな……。

そんな方にも戸建て賃貸はおすすめです。

戸建て物件というのは独立した建物です。アパートやRCマンションのような共同住宅ではないので、隣の音がうるさいなどのトラブルがぐっと減ります。

共同住宅では共用スペースである前庭部分などは大家さんの持ち場で、雑草が生えてくれば大家さんが草刈りをしなければいけませんが、戸建て物件では入居者さんが自分たちでやってくれます。

戸建て賃貸の物件管理は決して面倒なものではありません。

また、物件数が少ない戸建てはアパートと比較して客付けのハードルが下がるということをお話ししました。

貸し出したとしても家賃をちゃんと払ってもらえるのか滞納トラブルを心配する方もいらっしゃると思いますが、不動産賃貸業には家賃保証会社という仕組みがあり、滞納対策はもちろん、家賃保証会社によっては不良入居者に対する訴訟や強制執行の費用まで面倒をみてくれます。

そもそも戸建ては入居してもらえる期間が長いですし、大がかりなものでなければ物件のメンテナンスを入居者が自らやってくれることも少ないので、大家はかなりラクをできるというのが実際のところです。

戸建て賃貸の入居者はファミリーが多いです。**ファミリーはシングルよりも入居期間が**

長くなります。平均入居期間はシングルで4年、ファミリーで6年というデータもあるようです。頻繁に退去があれば、その都度リフォームしたり客付けしたりといろいろ大変ですし、もちろんその分お金もかかります。

私の経験からいうと、戸建て賃貸には不良入居者が少ないように感じます。**戸建て物件はアパート物件よりも賃料を高めに設定できるので、それが不良入居者を排除する一種のフィルターになっている**のでしょう。

私が投資するエリアでは、アパートだと2DKの物件で賃料3万円台がゴロゴロあるのに対し、戸建て物件ではだいたい5～6万円の賃料をいただけます。「衣食足りて礼節を知る」という言葉がありますよね。生活にゆとりがないと礼儀作法もおろそかになってしまうけれど、ゆとりができてくると、人は自然に節度ある行動ができるようになる、という意味。私は不動産投資をするようになってから、この言葉が現実を言い当てていると実感するようになりました。

裾野が広いから売却しやすい

不動産投資は物件を売却することで1つの投資が完結します。売却は不動産投資の出口に当たるのですが、基本的にアパート、RCマンションのような一棟物を売却する際には不動産投資家にしか売れません。価格が数千万円以上になるケースが多いので、購入できるプレイヤーの数もおのずと絞られます。

一方、戸建て物件の場合はどうでしょうか。

私が所有しているような数百万円台の物件なら、当然購入できる人は多いです。そして、**賃貸が付いている状態では投資家に対して売却できます。賃貸が付いていない場合（空室の場合）、不動産投資家はもちろん、実需と呼ばれるマイホームとして購入する人にも売却することができます。**地方戸建て物件は、売却の間口が広いのです。

新規参入は厳しいが戸建て投資ならチャンスあり

現在の不動産投資の環境は、新規参入者には厳しいものです。とくに物件価格の高騰が新規参入者にとって大きなハードルとなっています。1都3県で一棟物のアパートやマンションで手ごろな価格の物件を見つけるのは至難です。

しかし、戸建て投資にはまだチャンスがあります。

戸建ては圧倒的にアパート・マンションよりも売り物件数が多いです。売り物件数が多ければおのずと安く購入できるチャンスも増えます。

そして**戸建ての市場は「歪み」が生じやすい**です。通常、アパートやマンションの売主

実需（じつじゅ）

「実際の需要」の略。自分が住むために購入するお客さんの需要のことをいう。実需のお客さんは、投資目的では利用できない住宅ローンを使って購入することが可能。住宅ローンは投資用のローンよりも融資が付きやすいため、実需の人のほうが物件を購入しやすい。戸建て賃貸投資は、売却時に空室であれば実需向けにも売却でき、実需の人は物件の利回りを気にすることはまれなので、投資家をターゲットにするよりも高値で売却できる可能性がある。

は投資家です。不動産の知識が豊富で、なかにはセミプロのような人たちもいます。彼らは資産の組み換えが主な売却理由なので売り急ぐようなこともありません。

一方で、戸建ての売主は多くの場合、一般の居住者であり売却理由も多様です。これが価格差、つまり**市場の歪み**を生む要因となります。

戸建て投資に関してはいまでもチャンスがあると自信を持っていえますが、不動産投資全体で見た場合はネガティブな要因が多いです。人口減少の一方で不動産投資のプレイヤーは増加しており、限られたパイを奪い合う状況が生まれています。そのような状況は空室率をさらに押し上げるかもしれません。

また、日銀が金利引き上げを継続的に行うようになると借入返済額が増加し、キャッシュフローは減少するでしょう。そのため、資産ポートフォリオが一棟物投資のように融資に依存したものに偏っていることは危険だと思います。

もっとも、**不動産市場は株式市場などとは違い急激な変化は起こりにくい**です。たとえばインフレで日用品の値段が上がったからといってすぐに賃料が上がるようなものではありませんし、金利が上がったとしても不動産価格が急落を起こすことは考えにくいです。

つまり、対策できる時間があるわけです。対策するためには情報感度を高めておくことです。情報感度を高めて猶予があるうちに動くことができれば、サラリーマン大家さんなど兼業不動産投資家であってもリスクを最小限に抑えることは可能だと考えています。

市場の歪み（ゆがみ）

物件の価格が実際の価値とかけ離れた状態を指す。市場の歪みが発生すると価格が過度に高騰したり、逆に過小評価されたりすることがある。このような歪みは投資家にとってチャンスである反面、過度にリスクを取ることになる場合もあり、慎重さが求められる。

一棟物や区分物件の投資家に戸建て賃貸をおすすめする理由

私が戸建て物件にこだわる理由、別の言い方をすると**地方でアパートを購入しない理由は物件数が地方であっても多すぎるから**です。試しにネットで賃貸物件を検索してみると、たくさんのアパート物件がヒットし、しかもかなり賃料が低めに設定されています。さらに募集内容を見てみると敷金・礼金ともにゼロゼロなのは当たり前、**フリーレント**の物件もたくさんあります。

それくらい家賃を下げたり、初期費用を低く設定しなければ客付けできないということです。不動産ポータルサイト・ホームズの「見える！賃貸経営」（https://toushi.homes.co.jp/owner/）ではエリアごとに空室率を見ることができます。サイトを覗いて「地方」の空室率を調べてみてください。20％は当たり前で、なかには40％を超えるところすらあります。

私の経験では、戸建て物件は供給数の少なさが強みとなって地方でも客付けできていますが、アパート物件となるとこの厳しい競争のなかに放り込まれるわけですから、本当にやっていけるのか不安が拭えません。大家さん同士で不毛な値下げ競争が勃発して、血で

フリーレント

数カ月分の家賃を無料にすること。一般的には1カ月分の賃料を無料にすることが多い。入居者の初期費用を抑えることができるので、できるだけ早期に客付けしたい場合に効果的。家賃を下げているわけではないので、物件の利回りが落ちることもない。

血を洗うようなレッドオーシャンの状態にもなりかねません。

賃料が低くなることで物件管理に問題が生じることもあります。先ほど少しお話しした賃料と入居者の質の関係です。

私は不動産投資を志したころ、資金を貯めるために家賃3万2000円のアパートに住んでいたことがあります。そこではゴミ置き場は荒れ放題、夜には若者がアパートの前でたむろしていましたし、隣の入居者にいたっては夜逃げしたのか、ある日こつ然と姿を消しました。

賃料が低いことから生じる問題点はもう1つあります。それは**仲介業者さんのモチベーションが上がらないこと**です。仲介業者は入居付けする際の仲介手数料や**広告費**が主な収入源になります。仲介手数料は入居者が支払い、広告費は大家が支払います。金額はそれぞれ家賃の1カ月分です（広告費の相場は地域によって異なります）。

賃料3万円のアパートと賃料6万円の戸建て物件があったとします。入居付けにあたって仲介業者がかける費用、労力はどちらも変わりません。物件をポータルサイトに掲載したり、現地に案内したり、賃貸借契約書を作成したりします。業者は、まったく同じコスト、労力を費やすのなら賃料の高い物件の客付けを優先的に行うのが道理です。

仮にアパートと戸建てで賃料が同じだとしても、数が少ない戸建て物件のほうが決まりやすく、現地案内に出向く頻度が少なくて済みますから戸建ては優先されやすいのです。

広告費

入居者を仲介して賃貸借契約を結んでくれた不動産会社に大家が支払うお礼金のこと。広告費の相場は地域によってさまざま。私の場合、賃貸の仲介業者が客付けしてくれたときに賃料1カ月分の広告費を支払っているが、一般媒介での募集など業者のモチベーションが高くなさそうなときには賃料2カ月分の広告費を支払うようにしている。

私がRC物件に手を出さないワケ

マンションをはじめとするRC物件の利回りは現在かなり低くなっています。RC物件の投資額は数千万円から1億円規模になります。RC物件で儲ける仕組みは、積算評価が出る物件を購入し、銀行から低利かつ長い期間の融資を受けることによってキャッシュフローを得ることです。

RCは規模が大きいので「家賃年収1000万円」なんていう物件もザラですが、手元に残るキャッシュフローで見た場合、その額はかなり少なくなってしまいます。億近い負債を抱えているのに、そこから得られるキャッシュフローがほぼ戸建て専門でやっている私よりも少ない投資家を知っています。しかもひとたび大規模修繕が生じれば、年間のキャッシュフローは軽く吹き飛んでしまうそうです。

RC物件のキャッシュフローが少ない理由は2つあると思います。

1つ目は利回りが低いから。2つ目は**ランニングコスト**がかかるからです。

RC物件は積算評価が出る分、固定資産税が高いです。ほぼ戸建て専門の私からしてみると、それこそめちゃくちゃ高い。修繕費もかさみます。規模の大きなRCだと外壁塗装

ランニングコスト

収益を生むために必要な運転資金のこと。不動産投資でのランニングコストには修繕費や固定資産税、管理会社に支払う管理費、仲介業者に支払う広告費などがある。RC物件ではランニングコストが高額になり収益を圧迫してしまうことがある。地方の築古戸建て賃貸は固定資産税が安く、入居期間も長くなるためランニングコストを抑えられる。私の場合、月のランニングコストは修繕費が発生しなければ家賃の10%程度。

や屋上防水などに数千万単位の費用がかかることもあるようです。エレベーターがあると、その維持管理にもかなりのお金がかかります。予期せぬ出費が生じたとき、一度の費用がかさむので下手をするとキャッシュアウトしてしまう可能性もあります。

一方で戸建て物件なら修繕費なんてたかが知れています。一番お金がかかるのが外壁塗装ですが、それも70〜80万円程度（費用は業者によります）で済んでしまいます。これくらいの出費ならサラリーマンの給与から補てんできる範囲ですし、万一お金が足りなかったとしても一時的に短期のローンを組んだりすれば何とでもなります。少なくとも破産するようなことはないでしょう。要は自分がコントロールできる範囲内にあるかどうか、ということなんです。

区分マンションは管理費・修繕積立金で削られる

私が不動産投資を始めるときに一番はじめに探したのは東京都内の1R（ワンルーム）区分マンションでした。表面利回り15%くらいの物件がいくつかあって価格も手ごろ、都内で駅近の物件であれば入居付けにも苦労しなさそうです。

ですが、**管理費・修繕積立金が問題**でした。

たとえば物件価格450万円で賃料が6万円だとします。この時点で表面利回りは16%ですが、管理費・修繕積立金が2万円かかれば実際に手元に入るのは月4万円で、利回り

管理費・修繕積立金

区分所有物件を購入した場合に発生する費用。マンションの共用部分や共用施設を維持管理するためのもの。管理費・修繕積立金の額はマンションによってさまざま。毎月マンションの管理組合に支払うことになるが、これが区分所有物件の利回りを低下させる要因となる。

は10％強にまで落ちてしまいます。これではあまりウマミがないです。地方ではオーナーチェンジの戸建てで利回り15％なんて物件がザラにあります。

それでも都内の1R区分マンションの絶対的な利点が1つあります。それは売りやすいこと。価格が低いうえに都内では買い手が大勢いますから流動性の面ではピカイチだと思います。

では地方の区分所有はどうでしょうか。

それこそ安い物件はいくらでもありますが、都内の物件と同じ理由で**キャッシュフロー**が出にくいです。加えて客付けで苦労しますし、売却しようとしてもなかなか思うようにはいかないはずです。

融資、火災保険、メンテ……戸建て投資の不安材料

さて、ここまで地方戸建て賃貸のメリットを並べてきましたが、もちろんいいことばかりではありません。じつは、**今後戸建て投資で稼ぎにくくなっていく可能性もあります。**

戸建て投資は価格帯や利回りを考えると、築30年を超えるような築古物件が投資対象になることが多いと思います。そうすると、まず融資に関して問題が生じます。

キャッシュフロー

不動産投資でのキャッシュフローは、投資物件から得られる収入（主に家賃収入）から、運営にかかる諸経費（ローン返済、固定資産税、管理費、修繕費など）を差し引いたあとに残る純収益を指す。キャッシュフローは不動産投資における重要な指標。安定した収益を得るためには、物件の購入価格や運営コストを適切に管理することが不可欠となる。

以前から戸建て投資への融資に前向きな金融機関は少なかったのですが、そのなかで「公庫」と呼ばれる日本政策金融公庫は築古物件に積極的に融資をしてくれるありがたい存在でした。公庫は中小企業への支援を担う１００％政府出資の金融機関なのですが、現在はかつてのようにいかなくなっています。

融資が否認される例が増えていますし、融資が通る場合でも５年のような短い融資期間となることもあります。融資期間５年では、ほとんどキャッシュフローが出なくなってしまいます。

次に、リスクヘッジの問題です。**このところ火災保険の改定によってとくに木造の築古物件の保険料が大幅に上昇しています。**

そして築50年を超えるような築古物件は火災保険への加入自体が難しくなっており、保険請求した場合も否認される可能性が高まっているそうです。私がおつき合いしている火災保険のアドバイザーは、「保険請求での否認を回避するには物件の状態を写真に残しておくこと」と説いています。被害を受けたあとはもちろん、被害前の写真もしっかり残しておき、本当に被害にあったことを自分で証明できるように、ということです。

また、これだけ自然災害が頻発するようになると、購入後に**外壁塗装**を含むリフォームによって災害に耐えられるようなメンテナンスを行っていくことの必要性が年々高まっていると感じます。外壁塗装は後続の章であらためて取り上げます。

外壁塗装

建物の外壁に塗料を塗布し、建物の保護や美観の維持を図る作業。外壁塗装の主な目的は風雨や紫外線、汚染物質などから建物を守り、耐久性を向上させること。また、外観を整えることは建物の印象を改善し、物件の価値向上にもつながる。外壁塗装のサイクルは使用する塗料や地域の環境条件によっても異なるが、一般的には10～15年程度で再塗装が推奨される。適切な外壁塗装を施すことで建物の長寿命化やメンテナンスコストの削減が期待できる。

第2章

高利回り戸建て物件
購入ドキュメント

1戸目

230万円の平屋はスーパー高利回り物件

この章では、これまでに私が購入してきた戸建て物件のなかから7つをピックアップしてご紹介していきます。これから不動産投資のことを勉強していく方にとっては、「これはどういうことだろう?」「何だか難しいな」とスンナリ腹落ちしない個所もあると思います。そういう少し専門的なところは第3章以降でじっくり説明していきますので、まずは一度読み流してみてください。本の最後まで読んでから、もう一度この章に戻ってもらうと、「こういうことだったのか!」と、うなずいていただけると思います。

それでは始めましょう。

＊＊＊＊

これは私にとってのはじめての物件で、不動産業者をやっている友人から紹介してもらいました。それまでも共同出資による転売など不動産に関わったことはあったのですが、賃貸用の物件を所有するのはこれがはじめてでした。

1戸目

バツグンの利回りの平屋物件

Spec

1987年築　3LDK　木造平屋
土地308.8㎡　建物74.72㎡
販売価格230万円　購入価格230万円
賃料5万8000円　表面利回り30%
2012年1月に購入

Strong point

・駐車場が広く庭も広い。
・外壁の修繕が必要ない状態で修繕費用を抑えられる。
・スーパーまで車で5分程度と利便性が良好。

Weak point

・隣の竹藪がうっそうとしていて日当たりが悪い。
・物件にアクセスする道が若干狭い。
・市街化調整区域に立地している。

長い間空き家状態でしたが、内見すると室内は思いのほかしっかりしています。破風板《はふいた》の塗装はハゲていましたが、外壁塗装の必要はなさそうです。駐車場スペースが十分すぎるほどあって、3台は停められそうです。

内見後、すぐに地場の不動産管理会社にいくらで貸せそうかヒアリングしました。管理会社は、この物件なら賃料6万5000円はいけるんじゃないかといいます。物件価格が230万円ですから、賃料6万5000円だったら表面利回り33%です。即、現金買いを決断しました。

この物件の問題点はお隣の竹藪がうっそうとしていて日当たりがよくないことです。隣地にお住まいの方と交渉して竹藪を刈らせてもらうことになったのですが、途中で「もうこれ以上はストップ！」とお達しが入って中断。結局日当たりは改善されないままで、草刈りに費やした23万円もの費用を無駄にしてしまいました。

室内がしっかりしていた分、内装リフォームは一部のクロスの貼り換えや畳の表替えだけで済み、かかったコストは30万円ほど。竹藪の出費さえなければ、かなり安く仕上がっていました。

リフォームが終わり、最終的には5万8000円で賃貸の募集を出すことにしました。敷金・礼金ともにゼロでペット可の条件にしたところ、募集後1カ月で入居が決まりました。

2戸目

アカミチが横切っている200万円の物件

この物件は、ネットで物件検索していて大手不動産ポータルサイトに載っているところを見つけました。波がよいサーフポイントがいくつも存在する、千葉県のサーファーに人気のエリアに立地しています。実際、この物件の隣の住宅も貸家だったのですが、そこにはゴリゴリのサーファーが住んでいました。

私はネットで物件検索することを日課にしており、ネットに情報が出て間もないうちに仲介業者に問い合わせをしました。あとから聞いた話では、サーファーからも問い合わせが来て私と競う格好になったらしいのですが、私のほうがタッチの差で早かったそうです。

内見の予約を取りつけ、現地に向かいます。

室内はペットを飼っていたのか、かなり荒れています。ドア枠などは、おそらくワンちゃんがガリガリやったと思しき跡がありました。壁紙も湿気ではがれてしまっています。外壁塗装がかなり劣化しており、雨漏りがあることをうかがわせます。一部シロアリに食われている痕跡もありました。

売主さんはだいぶ前に引き払っていて、長い期間空き家だったようです。それでも、お風呂は不思議なほどキレイな状態を保っています。バスタブも大きくて、ここを見ると200万円の物件とは思えません。

この物件の一番の問題点は、物件の敷地内を赤道が通っていたことです。それが安さの最大の理由でもありました。「赤道」とは地球のまん中を通っているアレのことではありません。ここでは「アカミチ」と読みます。

赤道は一言でいえば、道路法上で道路となれなかった土地が現在も残っているものです。不動産流通研究所が運営するウェブサイト「不動産用語集R.E.words」では次のように説明しています。

古くから道路として利用された土地のうち、道路法の道路の敷地とされずにそのまま残った土地がこれに該当し、国有地である。公図に赤色で着色されていることから「あかみち」と呼ばれている。

(http://www.re-words.net/description/0000002522.html)

公図で見ると、たしかにこの物件の敷地内にアカミチが示されています。

格安の反面、イワクも付いている物件

2戸目

Spec

1993年築　3LDK　木造2階建て
土地129.56㎡　建物74.22㎡
販売価格200万円　購入価格200万円
賃料5万8000円　表面利回り34%
2012年6月に購入

Strong point

- 任意売却物件で安い。
- 大きなバスタブのユニットバスが付いている。
- 車で3分のところに商店街がある。駅までは車で10分以内。
- サーファーに人気のエリアに立地している。

Weak point

- 雨漏りしていて、一部シロアリに食われている。
- 内装・外装の修繕にお金がかかる。
- 敷地内に赤道が通っている。

このような事情から、現況は**再建築不可**。しかし再建築可にする方法が2つありました。

1つ目は市に対して赤道になっている土地の払い下げ申請をして国から土地を買い上げる方法。2つ目は市から占用許可を得て、そのうえで建築許可を取得して再建築可とする方法。

役所に問い合わせてお話をうかがったところ、どうやら1つ目の方法のほうが再建築するうえではベターなようです。何とか再建築可にすることができそうな見込みが立ったので購入を決断しました。

ですが、1戸目の物件を購入してからまだ半年もたっておらずキャッシュがありません。そこで、友人に紹介してもらった日本政策金融公庫の担当者に融資の打診をして、300万円を無担保で借り受けました。

リフォームは、さすがにこの物件はけっこうかかりました。まず雨漏りがあったので外壁塗装が必須です。屋根も塗装しました。シロアリ駆除も行い、かかった費用は〆て120万円。

リフォーム後はサーファーの需要を当て込んで、地元のサーファーとつながりがある不動産屋さんに仲介を依頼しました。完全にターゲットはサーファーのつもりでしたが、結果としてサーファーとは無縁のファミリーが入居してくれました。賃料は5万8000円です。

再建築不可（物件）

一度取り壊した場合に再度建築が許可されない不動産のこと。主な理由は、建物が建っている土地が接している道路の幅や位置に問題があり、法的な接道義務を満たしていないことなど。通常、建物を建築するためには幅員4メートル以上の道路に2メートル以上接していることが条件となるが、再建築不可物件はこれを満たしていない場合がある。再建築できないため割安であることが多い一方で、法改正によって状況が変わることもあり、リスクと将来的な可能性を慎重に考慮することが求められる。

3戸目 競売がすぐそこまで迫っていた任意売却物件

この物件もネットで見つけたのですが、見つけたときの売出価格は380万円でした。とくに割安な物件というわけでもなかったのですが、記載されている「任売物件」(任意売却物件)の文字に目がとまりました。

ネットの情報をたどっていって物元の任意売却業者を探します。何とか見つけて電話を入れたところ個人から連絡が来たことにビックリしていたようですが、アポを取りつけて内見に出向きます。

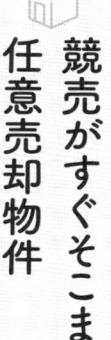

室内のつくりはかなりカッチリしていました。建具は見慣れた普通の家よりも高級感があります。バスタブは人工大理石で、低価格の築古戸建てではなかなかお目にかかれない設備です。浴室暖房乾燥機など無駄な設備もありましたが、かなり程度のよい物件でした。

任売業者の話では競売が迫っており、私が買わなければもう競売だとのこと。それを聞いた私は多少のムチャは承知で250万円で買付を入れました。これには業者もかなり驚いたようで、２５０万円を３５０万円と見間違えたほどです。

業者も無理だと思ったでしょう。任意売却では債権者の承諾が必要です。普通は債権者がこんな指値の買付を受けつけてくれるはずがありません。

ですが、この物件はもうすぐ競売になってしまうということもあり、債権者の方も弱気だったのかもしれません。それとも業者さんが相当頑張ってくれたからでしょうか、とにもかくにも、この買付が通ってしまったのです。

契約を済ませると、決済前に業者から諸費用を計算したＦＡＸが届きました。そのＦＡＸに驚かされました。登記費用が15万円もするというのです。２戸目の物件の登記費用は８万円ほどでした。今回の物件だけ登記が特別面倒なんてことはありません。単純に登記を担当する司法書士事務所の料金が高いのです。

私の知り合いの司法書士に代えてもらえないかと業者に連絡しましたが、債権の絡みで司法書士の変更は難しいとのこと。結局12万円まで値下げしてもらうことで話はまとまりましたが、**司法書士に支払う登記費用**はピンキリということをはじめて知りました。

その後、無事決済が終了し、購入後すぐにリフォームにかかります。外壁が劣化していたので塗装を施し、なんだかんだでトータル１００万円ほどかかりました。客付けは賃料６万２０００円で募集をかけたところ１週間で決まりました。

司法書士に支払う登記費用

購入した不動産の所有権を法的に確定させるために行う登記手続きにかかる費用。登記は、法務局に所有者としての情報を登録するもので、第三者に対して所有権を主張するための重要な手続きとなる。登記は司法書士に依頼するのが一般的で、司法書士の報酬や法務局に支払う登録免許税が登記費用に含まれる。登録免許税は購入価格や評価額に応じた割合で計算され、司法書士の報酬は地域や事務所によって異なる。不動産取引における重要な費用の1つ。

3戸目

大胆不敵な指値に成功した物件

Spec

1990年築　2LDK　木造2階建て
土地156㎡　建物55.06㎡
販売価格380万円　購入価格250万円
賃料6万2000円　表面利回り29%
2012年10月に購入

Strong point

- 任意売却物件で指値も通ったため激安。
- 建具やシステムキッチン、バスタブなどの設備がハイスペック。
- 海まで徒歩5分で、サーファーや釣り人の需要が見込める。

Weak point

- 前面道路が狭く、駐車場に車を入れづらい。
- 2LDKなのでファミリー需要への対応が万全でない。
- 津波を心配する人には敬遠される。

4戸目

100万円値引きしてもらった競合皆無の一人勝ち物件

不動産投資ブームのあおりなのか、地方の戸建てでも物件価格が高騰気味でなかなかよい物件が出てこない。よい物件があったとしても即日に買付が入って買うことができない。そんな状態にあるときに出会った物件でした。趣味のサーフィンの帰りに、以前からおつき合いさせてもらっている不動産業者さんをフラッと訪ねたときのことです。

社長「あら〜久しぶり！元気！？」

いつも快活な女性社長が気さくに話しかけてくれます。

私「お久しぶりです。サーフィン帰りに立ち寄ってみました」

社長「あんたサーフィンなんて寒くないの〜」

ひとしきり挨拶と雑談をかわしたあとに本題を切り出します。

私「社長、いい物件ありませんか？　戸建ても値段が上がってしまっていいのが見つからないんですよ」

社長「あんた、あるわよ1軒。ちょっと見てきなさいよ」

業者に紹介してもらった競合なしの物件　4戸目

Spec

1990年築　2DK	木造平屋
土地**142.14**㎡	建物**55.06**㎡
販売価格**450**万円	購入価格**350**万円
賃料**5**万**5000**円	表面利回り**18**%
2014年12月に購入	

Strong point

・競合物件がない。

・役所や病院が徒歩圏にある。

・近くに工場があり賃貸需要が見込める。

・内装リフォーム済みで修繕費用がかからない。

Weak point

・ファミリー向けには手狭な間取り。

・前面道路の交通量が多い。

私「ホントですか？　ぜひ！」

そのまま見学に向かいます。

役所や病院、幼稚園が徒歩圏内にある好立地の物件でした。そして何よりいいのは物件の近隣に賃貸物件がほぼないこと。不動産ポータルサイトで検索しても賃貸物件は1件しかヒットしませんでした。

室内はリフォーム済みで、そのまま賃貸に出せそうな状態です。ただし、物件価格が450万円と私の基準からするとやや高めでした。この価格で買ってしまうと目指す利回りに届きません。

私「社長、350じゃダメですか？」

社長「じゃあ売主さんにちょっと聞いてあげる」

数分後、電話がかかってきました。

社長「社長がいうならしょうがないっていってくれたわよ。あんたよかったわねー」

私「ありがとうございます！」

社長は以前からこの売主さんとつながりがあるようで、相当にキツめの**指値**でしたが通してもらうことができました。いい物件を買うには業者さんとのおつき合いがモノをいうとよくいわれますが、まさにそのことを実地で学ぶ訪問となりました。

指値（さしね）

売買にあたって買い手が値段を指定すること。また、指定された値段のこと。売値よりも低い価格で買付を入れる際に指値ということが多い。売値と同額で買付を入れる場合は「満額で買付を入れる」といい、売値よりも高い値段で買付を入れる場合は「買い上がり」という。単に安くしてほしいという理由でむやみに指値を入れると売主や仲介業者に煙たがられることがある。指値をする場合は、明確な根拠を買付証明書に明記することが基本。

5戸目

決済直前に台風直撃に見舞われた物件

この物件は業者から未公開の状態で紹介してもらったものです。当初は400万円くらいという話でしたが、最終的に300万円で譲ってもらうことになりました。

取引はスムーズに運んで決済の段になったのですが、その決済の数日前に事件が起きました。物件所在地に大型台風が直撃したのです。台風一過後に現地を確認したら2階の和室に大きな雨ジミが。さらに屋根の棟《むね》の部分が強風で吹き飛んでいました。

決済はもう数日後です。この台風被害をどのように処理するか詰めなければいけません。

売主さんは火災保険に加入していました。そこで、「このままの金額で買い受けるので、今回の台風被害に関しては売主さんの全額負担で修繕してもらいたい」と提案したところ、幸いなことにこれを売主さんが飲んでくれました。

決済直前の台風直撃にはまいりましたが、私にとっては1つラッキーもありました。

物件購入後に外壁塗装のリフォームをしようと考えていたのですが、その費用を節約できたことです。台風被害を受けた屋根の修繕で足場を組む必要があり、私はそれに便乗して外壁塗装をさせてもらうことで足場代のおよそ20万円を節約することができました。

この物件は、外壁塗装も含めてリフォームで140万円かけました。賃貸の募集を開始すると賃料6万5000円で申込みが入りました。表面利回りは、6万5000円×12カ月÷300万円×100で26％、リフォーム込みの実質利回りは18％という成果になりました。

ただし、この物件には後日談があります。入居から4年ほどたったころ仲介業者から連絡がありました。入居者が家賃を滞納しており、**家賃保証会社**が立ち退き裁判を検討しているとのこと。結果的に滞納裁判には至らず自主退去してもらうことになったのですが、別のところで問題が発生していました。入居者が無断で猫を多頭飼育しており、室内がボロボロになって、おまけにひどいにおいが漂っていたのです。

家賃保証会社による原状回復費用の保証には上限があり、今回のような多額の修繕費はカバーできません。「これはリフォームで100万円コースだな」と落ち込みつつも、ダメもとで家賃保証会社の約款を確認すると、なんと家賃の24カ月分まで保証されると書かれているではありませんか。

仲介業者に確認したところ、仲介業者と家賃保証会社の特別な契約でそうなっているとのこと。全額とはいきませんでしたが、大半を保証で賄うことができました。このように家賃保証会社の約款は面倒くさがらずにしっかり目を通すことをおすすめします。

家賃保証会社

入居者が家賃を滞納した場合に、大家に対して未払い家賃を立て替えるサービスを提供する会社のこと。家賃保証会社を利用することで、入居者の信用力に不安がある場合でも大家は安定した家賃収入を確保できる。通常は入居者が家賃保証会社利用料を支払い、契約を結ぶ。家賃保証会社を利用することで連帯保証人が不要になる場合もある。保証の範囲や条件は会社によって異なるため事前に確認することが必要。

5戸目

台風被害の修繕と外壁塗装をセットで終わらせた物件

Spec

1985年築　4LDK　木造2階建て
土地258㎡　建物106.51㎡
販売価格350万円　購入価格300万円
賃料6万5000円　表面利回り26%
2019年10月に購入

Strong point

・庭が広い。
・海に近くリゾート需要も見込める。

Weak point

・築年数が古い。
・建物が大きすぎる分、リフォームコストがかかる。

6戸目

表面利回り40%弱も、嫌がらせ？イタズラ？にあった物件

この物件は、業者ではなく投資家の知人から紹介してもらったものです。紹介の段階では２５０万円でしたが、指値をして２００万円で購入。駐車場が少し手狭だったものの門扉を壊してスペースを確保すれば普通車が２台縦列で駐車できます。海に近く潮風で外壁が傷んでいましたが、平成築の物件で外壁塗装すれば外観も蘇ると踏んで購入に踏み切りました。

リフォームは順調に進み、潮風で傷んだ外観も塗装することでキレイになりました。賃貸に出したところ賃料６万５０００円で、１カ月程度で申込みの声を聞くことができました。

問題が発生したのは、すべて順調と枕を高くしていたその矢先です。

入居前にガス会社が開栓の手続きで現地を訪れたところある異変に気づき、私のスマホに連絡を入れてきました。ガス会社の担当者は、外付け給湯器の配線が何者かによって意図的に切られているというのです。

6戸目

スペックは問題なしだが「隣近所」に困らされた物件

Spec

1989年築　3LDK　木造2階建て
土地180㎡　建物100.06㎡
販売価格250万円　購入価格200万円
賃料6万5000円　表面利回り39%
2020年5月に購入

Strong point

・田舎のなかでは賃貸需要があるエリアに立地している。
・建物の広さがファミリー層に適している。
・ギリギリ平成築。

Weak point

・2台分あるが、少し車庫入れしづらい駐車場。
・海に近く外壁が傷みやすい。
・隣人がトラブルメーカー？

私も長く戸建て賃貸をやっていますが、これまでそのような経験はありません。偶然の破損ではないかと担当者に返事をしましたが、これは自然になるようなものではなく何者かの故意だというのです。

そのとき私はリフォーム中にその担当者が話していたことを思い出しました。すぐに警察に連絡し、現地で警察官に事情を説明します。たまたま近所の人が通りかかったので話を聞くと、なんと隣人が物件の敷地内にゴミを捨てていたというではありませんか。そう、リフォーム会社の担当者も同じことをいっていたのです。「誰かが物件の庭に木の枝などのゴミを捨てている」と。

警察官と一緒に隣人が帰ってくるのを待ち、さりげなく話しかけて、給湯器の配線が切られていたこと、ゴミが捨てられていたことを問いただしました。彼は「自分はやっていない」の一点張りでしたが、急に話をすり替えるなど言動は怪しいものでした。とはいえ証拠はありませんから警察官もとがめることはせず、定期的にこのエリアを巡回してもらうことに落ち着きました。

警察官と一緒だったことが効いたのか、その後は入居者や業者からトラブルの報告はありません。めったに起こるようなものではありませんが、戸建て賃貸は人が住むもの。そして物件のお隣にも人がいます。人が絡むリスクはやはりセンシティブ。不動産という実物資産と、株や債券などのペーパー資産の大きく違うところです。

7戸目

賃料8万円で即入居が決まった物件

もともと350万円で売りに出ていたものを指値を入れて300万円で購入した物件です。業者さんからの紹介ではなく、ネットで公開されているものに目をつけました。

この物件のポイントは、がけ条例にかかっていること。がけ条例は、一定の高さのがけの上か下に建物をつくる際に制限が発生するもので、地盤沈下や土砂崩れの危険を避けるために自治体が定めているルールです。それもあって安く売りに出されていました。

物件の裏手が山で、それでがけ条例にかかっていたのですが、調べてみるとここ数十年はもちろん過去にがけ崩れが起きたという記録は皆無でした。

この物件は1989年築と築年数が古かったこともあり、内装リフォームのほか外壁塗装や外構工事も行ってトータルで230万円かけました。私の戸建て賃貸歴でも、かなり力を入れてリフォームした物件です。

リフォームのポイントは内装をまっ白にしたことです。この物件の室内の壁のほとんどが築古戸建てでよくあるプリント合板でした。そのような内壁の物件はどことなく古めかしさがあり、そして室内が暗い印象になってしまいます。

それを払拭することを狙って、プリント合板はもちろん室内扉まですべて白く塗装し、床のクッションフロアも白の木目調を選びました。

果たして室内は一気に明るい印象になりました。明るさとともに得られたのが清潔感です。暗い印象の室内はどこかカビ臭く不潔な印象があるものですが、まっ白にすることでクリーンさがアップする効果が得られました。

もし何となく室内が暗い印象だからリフォームで手を入れたいという場合は、今回のように木部をまっ白に塗装することをおすすめします。ただし、白に塗装するとアクが出やすくなります。しっかり**シーラー**を塗ったり、何度か重ね塗りするなどの対策が必要になります。

賃貸の募集を開始したところ、嬉しいことに1週間で申込みが入りました。賃料は8万円です。

内装リフォームとともに早期客付けで大きかったと思うのは、駐車場の拡張工事を行うことで並列で2台停められる駐車場を造成できたこと。このエリアではコロナ禍以降需要が増えているにもかかわらず、戸建て賃貸で駐車場が2台分完備されている物件は少なく希少価値が高かったのです。いわずもがな地方は車社会ですから、駐車場2台分の物件は強みがあります。

シーラー

塗装作業で下地の吸水を抑えるために塗布され、仕上げ塗料の密着性を向上させる下地材のこと。主にアルカリ性シーラーや水性シーラーなどがあり、使用する下地や仕上げ材の種類に応じて選択される。

7戸目

リフォームに200万円以上かけて高賃料を獲得した物件

Spec

1989年築　3LDK	木造2階建て
土地170㎡	建物72㎡
販売価格350万円	購入価格300万円
賃料8万円	表面利回り32%
2022年8月に購入	

Strong point

・人気上昇中のエリアに立地していて高い賃料設定が可能。
・庭を拡張すれば並列で2台分の駐車場ができる。

Weak point

・築年数が古い。
・物件周辺に狭い道がある。
・がけ条例にかかっている。

第3章

テッパンの戸建て物件は どこにある?

戸建て投資の軍資金はズバリいくら?

まずは自己資金から話を始めたいと思います。不動産投資のための軍資金は人によって異なります。少なくて済む人もいれば、想像以上に現金が必要になる人もいます。

軍資金が少なくて済む人というのは自分の力でリフォームができる人です。リフォームや内装関係の仕事に就いている人やＤＩＹがそれなりにできる人です。このような人が自己資金が少なくてもいいのは、俗にいう**ボロ戸建て投資**で利益を出せるからです。

１０３ページにインタビューを掲載している、不動産投資系インフルエンサー・エリックさんがやっているのがまさにこの手法です。物件を5万円（!?）などとんでもない額で購入し、それをリフォームして貸し出しています。このような手法が成立するのはエリックさんにリフォームの心得があるからです。

もし5万円のボロ戸建てを業者発注でリフォームしようと思えば、軽く４００～５００万円は飛んでしまうでしょう。それだったら普通に売られている物件を買ったほうが割安ということになってしまいます。

ボロ戸建て投資

築年数が古く、劣化や損傷が目立つ戸建て物件（いわゆる「ボロ物件」）を低価格で購入し、リフォームやリノベーションによって再生させ、賃貸や転売を通じて利益を得ること。少ない資金で始めやすいメリットがある。また、リフォームの程度によっては物件価値が大幅に上がり、高い利回りを得られる可能性もある。ただし、物件の状態によっては修繕コストが予想以上にかかるリスクがあり、購入前の調査が重要となる。

ですので、リフォームを自分でできるという条件ありきになります。ちなみにエリックさんは、じつはそこまでＤＩＹは得意ではないそうです。じゃあ何で成立するのかというと、彼の周囲には投資家仲間がうんといるからです。エリックさんのまわりにはＤＩＹに覚えのある投資家仲間が大勢いて、彼らの力も借りることでボロ戸建て投資ができているんです。

もう1ついうと、これから不動産投資をやろうという人のところに5万円の物件の話なんて絶対に回ってきません。業者も5万円の物件を売ったところでほとんど利益はないですし、そのような物件を素人に回すのはトラブルのもとですから紹介してくれることはまずありません。ですので軍資金が少なくても始められる人というのはかなり限定されてしまいます。

では逆に軍資金がたくさん必要になるのはどんな人かというと、それは融資が引きにくい人です。たとえばサラリーマンで安定的な給与所得がある人は個人の与信を担保にして融資を引くことができます。安定感抜群の公務員や東証プライム上場会社の社員などは当然、融資が出やすいです。

融資が出にくいのは〝不安定〟と思われてしまう人です。たとえば派遣社員やパートタイマー、そして個人事業主や会社経営者なども不安定な職種と考えられてしまいます。融資が出にくい人は物件購入費からリフォーム費用まですべて自分で賄わなければいけませんから自己資金が膨らみます。**ロットの小さな戸建て投資であっても初期費用からリフォームまでトータルで考えれば500〜600万円はないと厳しい**と思います。

先ほどの〝安定〟な公務員やサラリーマンなら与信を担保に融資を引けるのでそこまでの自己資金は必要ありません。ただし、ある程度のキャッシュを持っていなければ金融機関は融資をしてくれません。**戸建て物件に融資を引くなら少なくとも300万円は必要**だと思います。

お金がなければ事業を続けられない

私は、**自己資金を十分用意してから戸建て投資を始めるべき**だと思います。**不動産投資は事業**です。事業をやっていれば必ず不測の事態が発生します。

それはとくにリフォームまわりで顕著で、中古物件では予期せぬ不具合、予期せぬ問題に必ずといっていいほど出くわします。先日、私が指導している投資家から、「購入物件の浄化槽にヒビが入っていて交換となると費用が100万円以上と業者からいわれている」との相談がありました。そのときはあれこれアイデアを出して何とか数万円で済む方法が見つかって切り抜けられましたが、**このような問題は常に起こります**。問題に対処するための備えが必要です。

もし対応できないとなれば、せっかく手に入れた物件を手放さざるを得なくなってしま

不動産投資は事業

不動産投資を単なる資産運用の一環ではなく、経営的視点を持った事業活動ととらえる考え方。不動産投資は、物件の選定、資金調達、賃貸管理、修繕計画、税務対策など幅広い業務が必要で、これらを適切に管理することで安定した収益を得られる。そのため、「事業」として認識し、長期的な視野に立って運営する姿勢が重要となる。

不動産の初期費用

物件を購入する際には、物件費用とは別に初期費用がかかる。その内訳は、

仲介手数料 ＋ **登記費用** ＋ **固定資産税の日割り**

など。おおよそ物件価格の10%が目安。

仲介手数料は次のように計算する。

物件価格が200万円超 400万円以下の場合

物件価格 × 4% ＋ 2万円 ＋ 消費税

物件価格が400万円超の場合

物件価格 × 3% ＋ 6万円 ＋ 消費税

物件価格が300 ～ 400万円だと仲介手数料はだいたい15 ～ 20万円。
登記費用はおおよそ10万円。

いますし、問題を抱えている物件であれば足元を見られますから、高く売って利益を得ることはできません。

トラブルに対応できるように資金には余裕を持たせる必要があります。お金をかけることでトラブルをキッチリ解決できれば、かかったコストは貸し出しているうちに回収できます。売却するときもそれなりの値付けで利益を出すことができます。

格安の戸建て投資といえども事業です。事業を行うには資金がマストということを頭に入れておいてください。

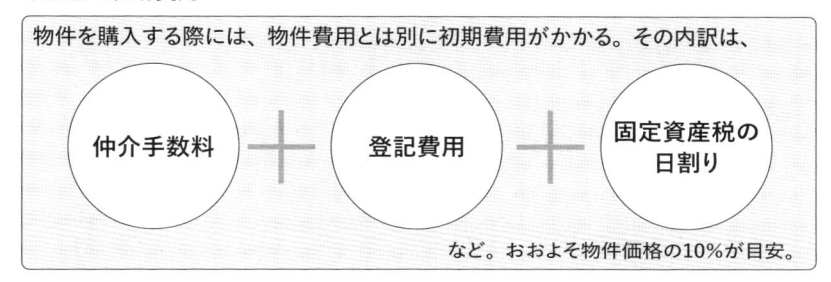

投資エリアを決めるための2つのポイント

先ほど自己資金のお話をしました。もう資金のメドがついている人は勢い物件検索……となりがちですが、その前に投資エリアを絞りましょう。**あまり広い範囲を投資エリアにしてしまうと土地の情報や相場観を養うのに時間がかかってしまうので、エリアはある程度絞るのが得策**です。

私の場合は千葉県内、とくに外房エリアをターゲットにしています。外房エリアは千葉県の太平洋側に位置し、幹線道路沿いは店舗などが立ち並んでいますが、1本道をそれれば田園風景が広がっているようなところです。地方ならどこでも見られる、ありふれた光景といえるでしょ

千葉県の海沿いエリア

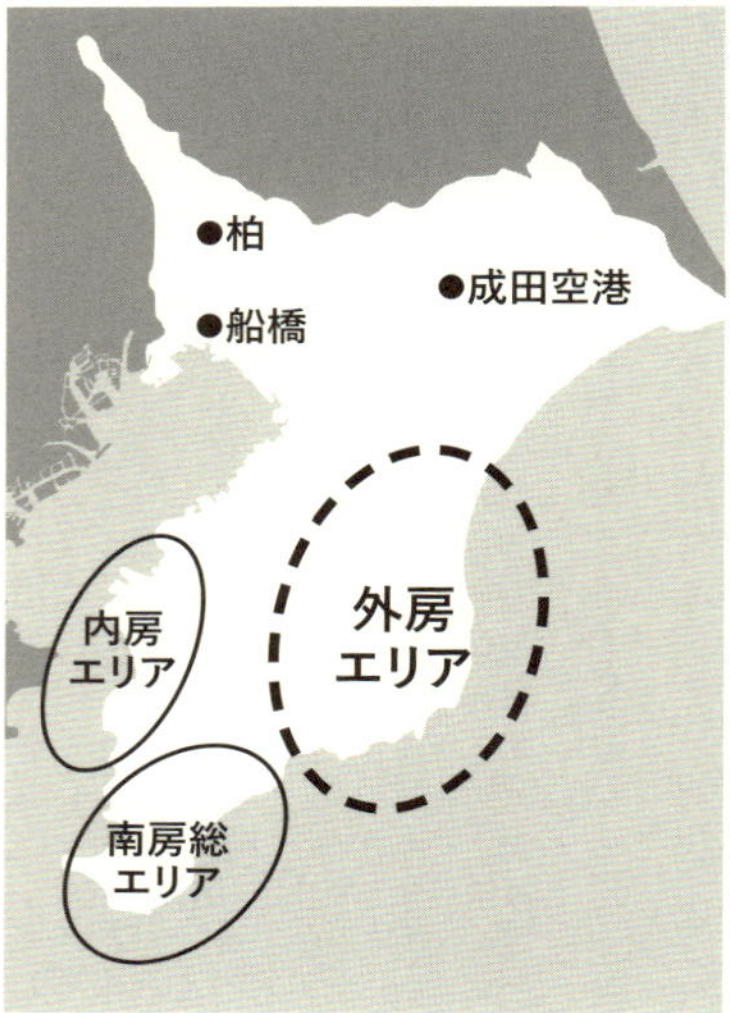

う。

気候は温暖で、冬場でも雪が降ることはめったにありません。比較的過ごしやすい地域だと思います。夏場は九十九里浜が海水浴客で賑わい活気があるのですが、冬場の海は閑散としています。近年は自然減のほか、大規模工場の撤退などによって人口減少に見舞われています。一言でいえば、日本中の市町村が抱えているのと同じ悩みを持っている地域です。

ではなぜ私がこのエリアをターゲットにしたのかというと、それには2つの理由があります。

やっぱり土地勘はあったほうがいい

私は現在、千葉の外房エリアに住んでいますが、居住する前から趣味のサーフィンのためにこのエリアに頻繁に通っていました。当然、自分が住んでいるエリアはほかのエリアとは情報量が違います。**不動産投資で情報量が多いことは明確なアドバンテージ**です。

地方で投資をしたいけれど、地方に土地勘がある場所がないという方は、まず投資エリアを設定して、その地に頻繁に足を運ぶことです。地場の不動産業者への聞き込み、物件の内見、街の様子の観察。すれ違う車の台数も、そのエリアの人口を測る手がかりになります。

そしてスーパーやドラッグストア、ホームセンターなどで自ら買い物客となって、**その地域の活気がどうなのかじかに感じてみてください。**これればかりは地道にやるほかありません。

お手ごろ価格ながら賃貸需要が手堅くある

賃貸の需要があっても物件価格が高ければアガリは少なくなってしまいます。**賃貸の需要があり、それなりの賃料をいただけてなおかつ物件価格が手ごろだったのが、このエリア**でした。物件価格が抜群に安くてもまったく賃貸の需要がなかったり、安い賃料しかもらえないエリアもあります。

物件価格が驚くほど安いエリアを見つけ、その土地に物件見学に出かけたときのことです。私の住むところから車で2時間ほどののどかな田舎町。大きな湖があり自然豊かな場所でした。さっそく現地業者の店舗を訪問して話をうかがいます。

業者「今回は永住目的ですか?」

私「いいえ、購入後賃貸に出そうかと考えています」

業者「なるほど。ではいくらで賃貸に出そうとお考えですか?」

私「まだこちらははじめてで相場がよくわかってないいんです。いくらなら貸せそうですか?」

ネットでの事前リサーチでは近隣の戸建てが4～5万円で賃貸に出ていました。それくらいの水準を想像していたのですが、甘くありませんでした。

業者「まあ、この物件だったら……1万円くらいで賃貸が付きますよ」

私「……」

物件は築20年の2LDKで庭と駐車場付きです。賃料1万円なんて考えられません。私がそう指摘すると、「賃料4～5万円の物件は学校や役所、スーパーなどから近い土地の物件。今回の物件はもとが別荘地の山のなか。ニーズは都内の人が別荘感覚で借りるくらいで、需要はかなり限られている」と返されました。

それでもとりあえず物件を見せてもらうために現地に向かいます。着いてみると、そこはなんと森のなか！　俗世間とは切り離された、ロビン・フッドのような世界です。道は軽自動車1台がやっと通れる程度。しかも傾斜があったり、ぬかるみがあったりで四駆でなければ通れません。

物件自体は築20年程度の洋風のオシャレなつくりで、建物の傷みも少なく、売値は100万円台。しかし不便すぎます。物件を前にして「こりゃ賃料1万っすね～！」と納得しました。

このようなエリアもありますから注意してください。

物件検索で掘り出し物に出会うには？

投資するエリアが決まったら、ネットでひたすら物件検索をします。

健美家や**楽待**のような投資用の不動産ポータルサイトだけでなく**アットホーム**や**ホームズ**、**不動産ジャパン**などの投資目的以外のポータルサイトでもチェックする必要があります。

投資用の収益物件が掲載されているポータルサイトは投資家のライバルがみんな見ています。よい物件が出ようものなら問い合わせが殺到するのは目に見えていますから、投資目的のサイトを押さえるだけでは不十分。**居住用に売りに出されている戸建て物件もチェックしなければ安い物件を仕入れるのは難しい**でしょう。

できれば**地場の不動産業者のホームページもチェックできるとライバルに差をつけられます**。地場業者のホームページには、自社で客付けしたいということで、たまにポータルサイトにアップしていない物件が載っていることがあります。

そして意外と掘り出し物を見つけられるのが、**ポータルサイトで「土地」で検索する場**

合。「古家付き土地」というものがあり、それらは基本的に土地の値段だけで売買されていて安いのです。「古家付き」と書かれていると廃墟みたいな家が建っているのでは、と思われるかもしれません。実際にたいていは廃墟なのですが（笑）。

とはいえ、たまにまだ利用できるような建物が建っている場合もあります。基本的に激安物件はネットに掲載されたらすぐに売れてしまうものですが、**このように土地として売りに出されている物件は、土地で検索している人が少ない分、掘り出し物のまま眠っている可能性があります**。

さて、ひたすらネットで検索していると、そのエリアの物件の相場がだいたいわかってきます。やはり相場観をつかむことは大前提。相場がわからなければ安いか高いかの判断もできませんから。

私はいまでも毎日ネットで物件検索をしています。アットホームや楽待などスマホアプリをリリースしているところもあり、これを利用すれば通勤中でもスキマ時間でもラクに物件検索できます。ポータルサイトに希望物件の条件を登録しておくとメールで通知してくれるサービスもありますので、ぜひ活用してみてください。

一番はじめに買うべきはこんな戸建て

これから始めようという人がやみくもに高利回りを追求するのは危険です。高利回りは高リスクを意味しますから、その背後には多くの問題が潜んでいます。たとえばネット証券で高い利回りの新興国債券が売り出されていることがありますが、高利回りの陰にはその国の通貨価値下落リスクやデフォルトリスクがあったりします。

不動産も同じで、利回り20%の物件がおいそれと手に入るわけがありません。もし簡単に手に入ったとしたら、その物件はあなたの知らないところで何らかの問題を内在させているはずです。

では、どんな戸建て物件を狙うべきなのかというと、**築30年台、どんなに古くても40年台前半で、しっかりとメンテナンスされている物件**をおすすめします。雨漏りやシロアリ、傾きなどのリスクはとらず、利回りは低くなるかもしれませんが安全性が高く、失敗リスクが少ないものを選ぶべきと考えます。もちろん、賃貸需要がある地域の物件であることはいうまでもありません。

また、**オーナーチェンジ物件**も一考の価値があります。オーナーチェンジなら購入後すぐに賃料収入が発生しますし、融資も受けやすいです。最初に手を出す物件としてオーナーチェンジは向いています。

高利回り・高リスク物件に挑戦するのは知識と経験が増え、リスクを許容できるようになってから。**まずは基礎を固めること、そして短期的な利益よりも長期的な安全性と成長を優先すること**です。

オーナーチェンジ物件

入居者付きの物件のこと。オーナーチェンジ物件は、現入居者がそのまま住んでくれるのでリフォームする必要がなく、初期費用が少なくて済む。空き家だと購入後リフォームをして、賃貸の客付けをして、賃料収入が発生するまでに早くても3カ月くらいの時間がかかるが、オーナーチェンジなら購入後すぐに賃料収入が発生する。反面、購入前に室内を確認できないことがオーナーチェンジ物件のデメリット。

狙いは実質利回り15%以上の物件

ネットで物件検索するときに、どのような物件をターゲットにしていけばいいのかをお話しします。

物件には利回りが記載されています。この利回りは**表面利回り**です。表面利回りは、年間の家賃収入の総額を購入価格で割ったものです。

表面利回り = 年間賃料 ÷ 購入価格 × 100

「利回り〇〇%! 高利回り物件お急ぎください!」なんてキャッチが出ていることがありますが、**あくまで表面利回りですから物件の修繕にいくらかかるのかわかりません。**いくら表面利回りが高くてもリフォームに湯水のようにお金がかかったり、空室率がどうしようもなく高いエリアで客付けが見込めなければ意味がありません。

私は、**実質利回りで15%以上を目標にしています。**ここでの**実質利回り**は次のように求めます。

実質利回り＝年間賃料÷（購入価格＋初期費用＋リフォーム費用）×１００

表面利回りはリフォーム費用などのコストが反映されていないので、かなりおおまかな数字です。**空き家の場合には想定している賃料で入居が決まる保証はありません**から、どれくらいの賃料なら決まりそうか、リフォームにはいくらかかるのか自分で調査する必要があります。

実質利回りに話を戻すと、「初期費用」は仲介手数料、登記費用、固定資産税の日割りなどです。私が投資するエリアでは戸建ての賃料はだいたい5〜6万円ですから、実質利回り15％以上を目指すためには、物件価格帯３００〜４００万円が1つの目安となります（もちろんエリアによって賃料の相場はまったく異なります。必ず地場業者にヒアリングして賃料相場を確認してください）。

この価格帯の物件にかかる初期費用の目安はだいたい物件価格の10％程度です。ですから約30〜40万円となります。

なお、実質利回りの計算にランニングコスト（管理費、火災保険料、固定資産税、入退去時の修繕費など）を含めない理由は、戸建てではランニングコストのなかで修繕費の比

市場価格との比較 → 同じエリアにある類似物件と比較して適正価格かどうか、購入後の価値の伸びしろがあるかどうかを見極める。
法的規制や権利関係 → 再建築の可否、接道義務、土地の権利関係（借地権や抵当権の有無など）も慎重に確認すべきポイント。

率が高くなるからです。修繕費はいくらかかるのか、いつ生じるのか予測が難しいコストなのでここでは省いて計算しています。それでも表面利回りよりは正確な利回りを計算できます。

ここで1つお断りしておきたいのが、物件は利回りだけでは判断できないということ。総合的に判断する必要があります。戸建てにはいくつも**評価すべき要素**があります。たとえば土地の資産価値、築年数、立地、建物の間取りや設備などなど……。一概に利回りだけで判断してはいけません。

また、私は地方に特化して戸建て投資をしているので利回り15％超えを目標にしていますが、都市部の物件であれば資産性が高くなるため、おのずと利回りは下がることになります。地方と同じように平成築で利回り15％を条件に探しても該当するような物件は見つけられないでしょう。都市部寄りの物件を狙うなら利回りを下げて検討する必要があります。

平成築の物件なら リフォームコストを抑えられる

実質利回りを高めるためにはリフォーム費用を抑えることがキモになります。

評価すべき要素

物件の価値や将来的なリターンを判断するにあたって考慮すべき主なポイントとして以下がある。

立地 → 物件周辺の交通アクセス、商業施設や教育機関の有無、治安、地域の発展性など立地条件は物件の価値や賃貸需要に大きく影響する。

建物の状態 → 築年数や外観・内装の劣化具合、構造上の欠陥（基礎や屋根の状態など）を確認し、修繕コストを予測することが必要。↗

リフォームコストに大きく関係するのが物件の築年数で、私は**築年数30年程度の平成築の物件を強くプッシュします。**

築年数が若ければそれだけ物件価格が高くなります。一方、築年数が古すぎれば安く買えますが、リフォームに多額の費用がかかってしまいます。**そこまで古くはなく、かつ価格が抑えられている築30年程度の物件が実質利回りを高めやすい**と考えています。

以前、私の知人が50年近い築年数の戸建て物件を購入しました。外壁は数年前に塗装済みで新しいユニットバスも入っています。リフォームはそれ以外の内装のみになるので、それほど費用はかからないだろうと踏んでいました。「かかっても80万円くらいかな」とノンキに構えていたのですが、実際の費用は130万円。

これだけ年季が入るとどうしても建物のあちこちにガタがきているので、あとになってから思わぬ修繕が発生してコストがかさみやすいのです。私が所有する物件のほとんどは平成築です。**平成築であればまだ使える設備が多く、目に見えない瑕疵で予想外に修繕費用がかかりすぎることがあまりありません。**

また、1981年（昭和56年）6月1日以前の築古物件は旧耐震基準の物件で、地震による倒壊リスクという問題もあります。阪神淡路大震災で倒壊した家屋の多くが旧耐震基準の建物だったといわれています。

地震で建物に大きな被害が及べば賃料収入がなくなることはもとより、復旧にも多額の費用がかかります。地震保険があるから大丈夫と考えるかもしれませんが、保険ですべてを賄うことはできません。

地震で家屋が倒壊してしまった場合、地震保険では家を建て替えられるような保険金は入ってきません。地震保険には、保険金額が火災保険の保険金額の30〜50％の範囲内という決まりがあります。しかも旧耐震基準の物件では地震保険の保険料が高くなる可能性もあります。

リフォームに話を戻すと、物件の間取りでもリフォーム費用は大きく変わってきます。

地方ではボリュームのある5ＬＤＫなどの物件もたくさん見つけられます。このような物件は子どもの多いご家庭に人気で需要はあるのですが、いかんせんリフォーム費用が高くなってしまいます。退去後のクリーニングも大変なので、あまりおすすめできません。かといって1ＤＫや1ＬＤＫのような小ぶりの戸建てではファミリー需要を取り込めません。

ではどれくらいのスペックが適当かというと、私は**3ＬＤＫ、4ＬＤＫの物件がよい**と考えています。これくらいの間取りならファミリー需要を取り込めますし、リフォームでお金がかかりすぎることもありません。

あなたがアプローチすべき業者を見分ける方法

ネット上の物件詳細画面には取扱業者の情報が載っています。**「取引態様」「取引形態」**と書かれている欄を探してみてください。そこには**「売主」「専属専任媒介」「専任媒介」「一般媒介」「仲介（媒介）」**のいずれかが記載されています。これらの意味を理解するには仲介手数料の仕組みを理解しなければいけません（すでにご存じの方は読み飛ばしてもらってけっこうです）。

物件の決済時には仲介手数料を売主、買主の双方が支払うのですが、仲介業者は毎回双方からもらえるとは限りません。売主、買主双方から仲介手数料が入ることを「両手」、売主もしくは買主の一方から仲介手数料が入ることを「片手」といいます。**両手は仲介手数料が片手の2倍ですから、両手になると仲介業者のモチベーションが違います。**

では、どのような場合に仲介手数料が両手になるのか、あるいは片手になるのか。

まず業者が売主の場合、仲介手数料は発生しません。業者自身が売主だから「仲介」手数料は発生しないということです。

業者が両手で仲介手数料をもらえる場合は、取引態様が「専属専任」「専任」「一般」で、業者自ら買主を見つけた場合です。このケースの業者は売主と契約をかわして仲介をしている業者で、俗に「物元《ぶつもと》業者」といいます。

一方で片手になってしまうのは、取引態様に「仲介」もしくは「媒介」とだけ記載されている業者が買主を見つけた場合です。この仲介業者は売主と契約をかわして物件の紹介をしているわけではありません。この仲介業者が買主を見つけた場合、この業者に片手の仲介手数料が入り、契約をかわした物元業者にも片手の仲介手数料が入ります。

取引態様のそれぞれの特徴を85ページにまとめました。

地方の戸建ては価格が安いので仲介手数料も安くなります。**もともと安い仲介手数料なのに片手で半分しかもらえないとなれば業者としては面白くない**です。物元業者は「両手でなければ売りたくない」くらいの気持ちがあるようです。ですから**物件について問い合わせるときには、必ず専任媒介や一般媒介などの物元業者に行うようにしましょう。**

遠方業者は指値が通りやすい

物件検索しているときに思わず**「おっ！」**となってしまうことがあります。それは、

千葉県の物件なのに東京の業者が扱っているなど仲介業者が遠方の会社の場合です。なぜ「**おっ！**」なのかというと、業者が遠方であると土地勘がない分、価格設定を誤り安く売りに出されている場合があるからです。

そして**指値が通りやすいことも見逃せません**。

遠方の業者にとって内見の案内は非常に負担が大きい仕事です。想像してみてください。たとえば千葉県外房エリアにある物件を、都内に拠点を置く業者が案内する場合、現地まで2時間以上かけて移動しなければなりません。そのうえ高速料金などの移動費用もかかります。

これが数千万円規模の物件であれば業者さんも苦労をいとわないでしょう。しかし地方の築古戸建ては300～500万円程度ですから、その仲介手数料は限られた額になります。業者にとっては「これだけ手間がかかるのに見合わないな」と不満を感じることもしばしばでしょう。正直なところ案内自体が面倒で、できるだけ早く終わらせたいというのが本音です。

こうした状況のなかで業者は売主との交渉に全力を注ぐことになります。**少しでも早く売却を成立させようと価格交渉に積極的に取り組むため、予想外の指値が通ってしまうケースがある**のです。つまり購入者にとって有利な条件を引き出してくれる、ということです。

「取引態様」欄に書かれていることの意味は？

売主	業者が売主。投資家からすると仲介手数料がかからないメリットがある。デメリットは利益を乗せて転売しているので価格がやや高め。業者が相手なので値下げ交渉も難しい場合が多い
専任媒介	売主はこの業者とのみ契約をかわす。契約に関して一途な恋愛のようなもので浮気はしない。この業者だけが物元。売主の情報をたくさん持っている。契約に至れば両手の仲介手数料が入るので指値が通りやすい
一般媒介	売主はこの業者以外の業者とも契約している可能性がある(物元業者が複数ある可能性がある)。売主の情報は専任媒介よりも少なくなる印象。仲介手数料は両手なのでけっこう頑張ってもらえる
仲介(媒介)	この業者に案内をお願いするのは避けたい。売主の情報をあまりつかんでいない。仲介手数料が片手しか入らないので指値も通りづらい
専属専任媒介	専任媒介と同じようなもの。売主が自分で買主を見つけてこられるかこられないかが大きな違い(専属専任媒介は売主が自分で見つけた買主に物件を売ることができない)

物件詳細画面の抜粋

間取り	4DK	階数	2階建て	総戸数	-
駐車場	駐車場敷地内あり	建ぺい率	60%	容積率	200%
接道状況	公道 南4.10m	地目	雑種地	都市計画区域	市街化区域
用途地域	第一種住居地域	国土法届出	-	取引態様	売主
現況	空室あり	引渡可能年月	-	建築確認番号	-

オーナーチェンジ物件は ラクチンな分、注意点もある

物件検索しているとオーナーチェンジ物件も見つかります。アパートなどはもともと投資用の物件ですからオーナーチェンジが当たり前なのですが、戸建ての場合はオーナーチェンジ物件は少数派です。

戸建て賃貸では、空き家物件を購入してリフォームしたうえで客付けすることが基本になりますが、そのプロセスには当然、手間と費用がかかります。オーナーチェンジならそれを省くことができます。そこにはもう入居者さんが住んでいるのですから当たり前ですね。

購入後すぐに賃料収入が発生しますし、いいことずくめのようですが、残念ながらそういうわけにはいきません。

まず**オーナーチェンジ物件は内見ができません**。室内の状況を確認できないので、思わぬ瑕疵が潜んでいる可能性があります。もちろんそんなことにはならないように、購入前に売主や仲介業者からヒアリングしますが、それで完璧に防ぐことなんてできません。

もう1つの注意点は、**いま住んでいる入居者が退去したとき**です。

購入時に内見していないので内装リフォームにかかる費用が未知数。そして購入時にリフォームしていない以上、退去時にリフォームコストがかさむことを覚悟しないといけません。

「オーナーチェンジなら初期コストを抑えられるから、少しばかり割高で買ってもいいか」と考えるのはやめたほうがよいと申し上げておきます。

こんなオーナーチェンジ物件は買ってはいけない

「最初に手を出す物件としてオーナーチェンジは向いています」と76ページに書きましたが、オーナーチェンジ物件にはメリットばかりではなくデメリットもあります。そして、このところ要警戒のオーナーチェンジ物件が増加傾向にあります。

それは、**素人DIYで表面だけキレイに取り繕ったオーナーチェンジの戸建て物件**です。ポータルサイトなどでぱっと見は何も問題がないように映るのですが、素人の浅い知識と技術で行われた修繕は建物の根本的な問題を解決しておらず、長期的に見ると問題が露見しやすいのです。

オーナーチェンジ物件は物件内部の状態を入居前の写真でしか見られませんが、**怖いのは写真ではその判断が難しいこと。**素人ＤＩＹは写真の見映えはよくても、実際に現地で見ると施工の悪さが目立つことが多々あります。

では素人ＤＩＹの物件かどうかどうやって見抜くのか。それには物件の保有期間を確認することです。素人ＤＩＹ物件は長期保有すると問題が生じる可能性が高いため故意犯的に短期保有で売り抜けるケースが多いのです。

そんな手口に引っかからないよう、**登記簿謄本を見て物件の保有期間をチェックしましょう。**登記簿謄本は法務局で取得することができますし、仲介業者が持っていることも多いです。入手できたら「謄本 見方」でネット検索すればすぐに読めるようになります。

同じ理由で、入居後すぐに売りに出されている物件にも注意が必要です。なかには一見お得に見える物件もありますが、すぐに売却に出されるということは、背景に何らかの問題がある可能性があります。たとえば物件に隠れた欠陥がある、周辺環境に問題があるなどです。こうしたリスクを避けるために、可能であれば賃貸契約書を確認し、入居時の契約内容を把握するようにしてください。

事前調査をしっかりできれば思わぬトラブルを避けられますし、購入に向けて安心材料を増やすことができます。

登記簿謄本

不動産の所有権や権利関係を公的に記録した書類で、法務局で管理されている。正式名称は「全部事項証明書」で、物件の現状を確認するために使用される。登記簿謄本には不動産の所有者、抵当権や地役権（自分の土地の利便性を高めるために、目的の範囲内で他人の土地を利用できる権利）などの権利関係、過去の売買履歴などが記載されている。物件購入時や融資を受ける際には登記簿謄本を閲覧して物件の権利関係に問題がないことを確認する。

競売と任意売却、おすすめはどっち?

競売は安く物件を買える! 巷でいわれていることです。私も競売に興味があり、ネットで競売物件をチェックすることを自分に課してきましたが、そのときの印象では落札額がけっこう高い!

以前、競売で入札中のアパートを見に行ったときのこと。実際に目にしてみると駐車場がないうえに周囲はまったく手入れの跡が見られず雑草が伸び放題という、とんでもないオンボロアパートでした。それなのに落札価格は想像をはるかに超えて高い。普通のルートで売りに出ている物件を指値で買ったほうがよっぽど安く済むんじゃないかと思いました。

競売で区分マンション物件を仕入れ、それを転売している業者と話をしたことがあります。「プロ以外にも参入する人が増えたことで落札価格が上昇している。競売で安く仕入れられなくなってきているから転売してもすごく利幅が薄い」と嘆いていました。プロでもこのような状況なのですから、素人では言うに及ばず、です。

そして、**競売は内見することができません。**それで怖いのがシロアリ被害。シロアリに食われていても意外とわからないケースが多いのです。所有者が知らず、執行官も気づかなければ執行官が作成した現況調査報告書をいくら読み込んでもお手上げです。あとから裁判所に訴え出ても取り合ってもらえません。

競売では入札金額をいくらにするのかの設定が非常に難しく、10回入札しても1回くらいしか落札できないなんてこともザラにあるようです。**入札のたびに保証金を入金しなければいけないので10回に1回の落札では効率が悪すぎます。**

そんなときに利用価値があるのが、不動産競売流通協会が運営する「981・jp」のバーチャル入札サービス。「981・jp」のサイトで無料会員登録をすると利用できます。自分なりの「これくらいかな」という値段でバーチャル入札をしてみて、開札後にどれくらいの額が足りなかったか、逆に多すぎたのかがサイト上で確認できます。

私も利用しているのですが、落札額は相場と比べてそんなに安くないなと感じます。競売は仲介手数料や司法書士に支払う登記費用がかからないなどのメリットがありますが、内見できない、場合によっては占有者がいるなどリスクが高い面もあるので、私は相当安くなければやる意味はないと考えています。

保証金

競売における保証金は、競売に参加して物件を落札するために必要となる前金のこと。競売参加者はあらかじめ物件の最低落札価格の約20%に相当する金額を保証金として裁判所に支払う。落札できなかった場合には保証金は全額返還されるが、落札後に購入手続きを進めなかった場合は没収されることがある。保証金は落札者の本気度を示し、不正や無責任な入札を防ぐ目的がある。

任売物件は検討の余地あり

物件検索していると、物件詳細の欄に**「債権者の承諾が必要」**などの文言が記載されているのを見かけることがあります。その物件は**任意売却物件**と考えられます。

任意売却物件とは、住宅ローンで物件を購入し、その支払いをとどこおらせてしまった場合に、債権者つまり銀行が**抵当権**を行使し、物件を差し押さえて売りに出している物件のことです。この任意売却で売れなければ物件は競売に流れることになります。45ページ、49ページでご紹介した戸建てが、この任意売却物件でした。

競売にかけると債権者には100万円近くの費用と手間がかかります。競売になればいくらで売却されるのかもわかりません。100万円の費用と手間をかけても、回収できるお金が任意売却よりも安くなる可能性があるのです。

債権者は焦ります。何とかして任意売却で売ってしまいたいと考えます。こうした事情から、**任意売却物件は普通に売りに出されている物件よりも安く購入できる可能性が高い**のです。

任意売却は競売と違って内見ができますので、その点は安心です。ただし、注意しなけ

抵当権

債務不履行となった場合に債権者が担保から優先的に弁済を受けられる権利のこと。物件を担保に融資を引いて不動産を購入する際には、金融機関は物件に抵当権を設定する。もしローンの支払いがとどこおったときには金融機関は抵当権を行使し、物件を差し押さえ、売却し、融資した資金を回収することができる。抵当権を外すには借りたお金を返す以外に方法はない。

ればいけない点もあります。

それは買付を入れてから、その承諾を得るまでにかなり時間がかかってしまうケースがあること。普通は買付を入れて売主のＯＫが出ればすぐに契約・決済という流れになるのですが、任意売却の場合は債権者が絡んでいるのでＯＫが出るまでに時間がかかります。私はＯＫが出るまで１カ月以上かかったこともありました。債権者の承諾を得て、ようやく契約・決済の運びとなります。

リースバックを組み合わせてみる

任意売却で、即、賃貸の客付けをするちょっとしたワザがあります。

任意売却の場合、**売主さんはその物件に住み続けたいと思っている人が多い**です。長く住み慣れた家なので、任意売却になっているとはいえ、そう簡単には離れたくありません。住宅ローンの返済がとどこおり売却せざるを得なくなってしまっているわけですが、できることならそこに住み続けたいのです。

このとき、賃貸でそのまま売主に住み続けてもらう方法を**リースバック**といいます。このリースバックは、任意売却もそうですが競売でも行われる場合があります。競売で戸建てを購入し、リースバックしたうえで収益物件として転売している業者もあるそうです。

リースバックであればリフォーム費用がかかりませんし、客付けをする手間も省けま

リースバックの仕組み

- リフォーム費用がかからない
- 客付けも不要
- すぐに賃料収入が発生する

す。何より購入後すぐに賃料収入が発生するのが魅力です。

とはいえ、ローンを滞納してしまった人を住まわせて大丈夫なの？　という心配もあるでしょう。私も同じ疑問があって、任意売却物件を専門に扱っている業者に話をうかがったことがあります。

その業者さんの知り合いの方が競売で購入した物件をリースバックで貸し出しているそうなのですが、入居者は思いのほか家賃を毎月キッチリ払い続けてくれているそうです。どうしても心配であれば**家賃保証会社の審査を通ることを賃貸の条件にしておけばよい**でしょう。**ローン滞納者でも家賃保証会社の審査を通る可能性はある**そうです。

地場の不動産業者とうまくおつき合いする作法

不動産投資の本を読むと、地場の業者を回ることの重要性が必ず書いてあります。**これには私もまったくの同意見**です。ネット検索で目ぼしい物件を見つけたら**ガンガン内見の申込みをしましょう**。掲載業者に電話で連絡を入れ、似たような物件があればそれも合わせて内見させてほしいと伝えてください。

ポイントはできるだけたくさんの物件を内見すること。たくさんの物件を目にすることで、自分のなかで割安・割高の基準線がはっきり浮かび上がるようになります。

また、内見に回るときは業者の車が使われると思いますが、車内でそのエリアに関する情報収集をしてください。たとえばこんな感じです。

「○○市のなかではどのあたりが賃貸の需要が高いですか？　逆に客付けしにくいエリアはどこになりますか？」

「戸建て賃貸で人気がある間取りは？　このあたりなら駐車場は何台分必要ですか？」

「このへんで冠水しやすい場所はありますか？」

「1~3月の繁忙期以外でも賃貸の動きはありますか?」
「ペット可の物件では敷金をどれくらいに設定していますか?」
「近くにあると喜ばれる施設は何ですか?」
「敷金・礼金ゼロゼロやフリーレントなど入居が決まりやすい募集条件はありますか?」

売買専門の業者だと賃貸需要の質問には答えられないかもしれませんが、売買・賃貸両方やっている業者ならいろいろな情報をもらえます。営業マンは来る日も来る日もお客さんと接しているので、当然お客さんのニーズや地域の特性を理解しています。

以前、不動産業者を訪れたときのことですが、その日はいつもお世話になっている営業担当の方とじっくりお話をする時間がありました。それはチャンスタイムです。彼らの話に耳を傾けていると、「アパートは客付けが厳しいが、アパートでもメゾネットタイプは問い合わせが多くて客付けが比較的容易」とか、「このエリアでは1~3月の繁忙期に賃貸の需要が急にアップしてその後パッタリなくなるなどの起伏はなく、年間で一定の動きがある」だとか、「地元の人が数年おきに引っ越しをして物件を借りるパターンが多い」など、本を読んでいるだけでは絶対にわからない地域オリジナルの生情報を得ることができます。

会社でも本社のお偉いさんよりレジ打ちのおばさんのほうが、その地域のお客さんのニーズをつかまえているなんてことがありますよね。ぜひ、日々現場で奮闘しているエンドの営業マンの方から情報を吸い上げられるようになってください。

怪しい業者の誘いに乗ってはいけない

ただし、**営業マンによってはミョーな話を吹き込んでくる人もいるので注意が必要**です。私が駆け出しのころ投資用の戸建てを求めて地元の不動産業者めぐりをしていると、こんな提案をしてくる営業マンがいました。

「住宅ローンを使って投資用物件を買っても大丈夫ですよ。住民票だけ物件に移しておいて郵便物を自分の手元に届くようにしておけば、銀行の担当者が直接物件にやって来ることはありませんから彼らにバレません」

投資目的ではなく居住目的という名目で住宅ローンを申請すれば、融資が付きにくい地方の物件でも融資を引くことができるでしょう。住宅ローンの金利は低く融資期間も長期ですから、その分キャッシュフローが多く出てウハウハです。

とはいえ、もしこんな話を鵜呑みにして不動産投資を始めてしまったらどうなるでしょう。**バレれば即時一括返済を求められますし、あなたの信用は崩壊します。**もう二度とその銀行とは取引できなくなってしまうかもしれません。

万一はじめのうちはバレなかったとしても、不動産投資をしていれば毎年確定申告をすることになります。たとえば、あとからアパートを購入したくなって銀行に融資の打診をするとしましょう。融資審査の際には銀行に確定申告書や所有物件の**評価証明書**などを提出することになりますが、ここでアウト。住宅ローンを使って投資をしていることは完全にバレます。当然、銀行はアパートだろうと何だろうとそんな人には融資をしません。

なぜバレてしまうのかというと、自行の借入でも、他行で行った借入でも、銀行は個人信用情報にアクセスできるので借入の情報をすべて把握できるからです。住宅ローンを使用していればそれも当然わかります。どの物件からいくらの収入があったかは、確定申告の青色申告決算書や収支内訳書を見れば一発でわかってしまいます。

モラルの面からはもちろん実利の面からも、もし業者から提案されたとしても戸建て賃貸投資に住宅ローンを使うのは絶対にやめましょう。

激安物件はスピード勝負 ただしやみくもな買付はいけない

物件検索で「これはいいかも」という物件が見つかったら、すぐに問い合わせをしましょう。その物件がお宝物件であれば、ここからはスピード勝負です。**メールで問い合わせ**

評価証明書

正確には「固定資産評価証明書」という。固定資産税評価額は固定資産税、不動産取得税、登録免許税といった税金の額を算出する際の基準となる。司法書士の登記費用の見積もりをとる際に必要になるので、物件購入時には仲介業者が評価証明書を必ず持ってくる。物件の評価額を知りたい場合は、所有者本人であれば役所で評価証明書を入手可能。

るなんて悠長なことをやっている場合ではありません。すぐに業者に電話を入れて内見の予約をとってください。業者の都合がつかず、すぐに内見に同行してもらえない場合には、私はとりあえず住所を聞いて外観だけでも確認しに行きます。そこで**買付を入れて**、後日内見させてもらうこともあります。

なぜなら、購入順序は満額の買付であれば買付を入れた順になるからです。もし後日の内見時に深刻な瑕疵が見つかるなどしたら買付を取り下げることもできます。買付時に出す買付証明書は契約書でも何でもありません。買付を破棄してもペナルティはありません。

ただし、初心者の方にはこの手法はおすすめしません。

私の場合、**買付を入れるのは、特別な瑕疵などが見つからない限りほぼ間違いなく購入すると腹を決めているとき**です。**買付を入れたのにそれをあっさりくつがえすような人は確実に業者から嫌われます。**買付を破棄した人には二度と物件を紹介しないという業者もあります。

そういうわけで外観の確認だけで買付を入れることは初心者の方向けではありません。

じつは、この外観だけを確認して買付を入れる方法は転売業者がよくやる手なのです。転売業者の動きはそれこそめちゃくちゃ速く、あっという間に物件を自分のものにしていきます。

以前こんなことがありました。朝方に物件検索していて格安物件を発見。おそらく前日

えるのは非常に危険。その行為は仲介業者の信頼を裏切ることになるので、今後その仲介業者とのおつき合いは望めなくなる。買付を入れる際は、よほどのことがない限り間違いなく購入するというところまで気持ちを固めることが必要。

の夜遅くにネットにアップされた物件なのでしょう。すかさず物元業者に連絡を入れ、内見のアポをとり、その日のうちに内見に向かいました。物件は格安のわりにピッカピカで、明らかに価格設定が間違っているようなお宝物件でした。その場で即、「私、買います、すぐ買付を入れます」と申し出たところ、なんと前の晩のうちにＦＡＸで買付が入っていたというではありませんか。それなら内見にいってくれよと思いましたが、その物元業者はかなり年配の方が切り盛りしており、内見に向かう少し前のタイミングでＦＡＸに気がついたそうなのです。

ということで、私は二番手。一番手が見送らない限り買えません。

一番手の人は夜半のうちに物件の外観だけを確認して買付を入れたそうです。おそらく素人のなかでは私は最速の動きをしたと思います。そうなんです。この一番手は転売業者さん！　彼らはレインズという不動産業者だけが閲覧できるサイトで物件の住所を取得できます。それで物元と連絡がとれない夜間でも物件の外観を確認できたというわけです。

安い物件はスピードが命ですが、素人が業者にスピードで勝つのはほぼ不可能です。私はこのとき一番手になった転売業者とこのあとも何回か競り合っているのですが、いままで一度も勝てたことがありません。

買付を入れる

買付証明書を仲介業者宛てに送る、もしくは直接渡すこと。不動産を購入する意思を表明することをいう。買付証明書を業者の店舗で書いて直接担当者に渡す場合もあれば、内見後少し検討したあとにFAXで送る場合もある。買付証明書に法的な拘束力はないが、買付を入れて売買契約を結べば、そう簡単に契約解除することはできなくなる。もし契約後に購入を破棄すれば契約違反によって違約金が発生する。違約金は売買代金の10～20％。売買契約前の買付の段階であれば取り消すことができると考↗

テッパン戸建て物件の特徴

この章の最後に、これまでのおさらいの意味も込めて地方戸建て投資家が手を出す物件、出さない（ほうがいい）物件についてまとめます。

まず、戸建て賃貸の主なターゲットはファミリーです。彼らにとって手狭な1LDKや2LDKは避けたほうが賢明です。コロナ禍以降はテレワークが一般化したため、仕事部屋が必要になるケースも増えています。先ほどお話ししたように、3LDKや4LDKの広めの間取りが好まれる傾向にあります。

立地条件は、都市部とは違って駅からの距離はそれほど重要ではありません。むしろ**スーパーや学校、幹線道路にアクセスしやすい場所が好まれます。**とくに学校が近いことはファミリー層にとって大きなプラスです。

駐車場を2台分以上確保できる物件は、地方ではとても高い評価を受けます。地方はどこも車社会ですから駐車場の広さが入居の決め手になることも少なくありません。

そして絶対に忘れてはいけないのが**清潔感**。とくにお風呂、キッチン、トイレという水回りの清潔感は賃貸が決まるか決まらないかを大きく左右します。家庭での決定権を持つことが多い女性がとくに重視するポイントですね。**清潔感がなければどれだけ条件がよくても賃貸は決まらない、くらいに考えてよい**と思います。つまり、リフォームやメンテナンスには力を入れなければいけないということです。

番外編としては、俗にいう「ポツン物件」も一部の人たちに人気があったりします。周囲に何もない〝孤立した〟物件です。賃貸需要も何もなさそうに見えても、なかにはプライバシーを最重要視したい人もいて、そういう志向の人たちには好評なのです。とくに庭や駐車場に十分な広さがあるとポツン物件の魅力はさらに高まります。

利回り20％オーバーでも買わない物件

不動産投資をしたい人にとって一番気になる数字は利回りでしょう。私の基準は実質利回りで15％以上です。ただし、それを上回って20％以上を狙えるとなってもなかには手を出さない物件もあります。

1つ目は**自宅から遠く離れた物件**。私は基本的に、遠方物件は利回り20％以上でも購入しません。物件まで片道2時間としたら往復で4時間、現地での作業時間を加えると1日がかりになってしまいます。単純に遠方物件のすべてを切って捨てているわけではなく、賃料が高く時間と労力に見合う収益が見込めるのなら考慮に値しますが、それでも何度も訪れる必要がある物件であれば、その負担はかなりのものになります。

そういう意味で**DIYを考えている人には遠方物件はおすすめしません**。DIYは繰り返し物件に足を運ぶ以上、そこでかかる時間と労力も含めて考えると投資効率がとても悪くなってしまいます。

また、私は利回りが高かったとしても**賃料が安すぎる戸建ては購入しません**。なぜかというと、賃料が安いと修繕費用の回収に時間がかかるから。つまり、**家賃に占める修繕費率が高くなってしまう**ことが理由です。

賃料が3万円でも10万円でも、修繕にかかる費用はそれほど変わりません。大家には修繕義務があります。賃料が安いから修理しないという選択肢はありません。賃料3万円の物件が高い利回りを示していても、実際には修繕費の割合が高くなってしまい期待ほどの収益が出ないことがよくあります。

手を出すかどうかを測るモノサシは利回りだけではありません。自分の時間、労力、物件の資産性、**残存耐用年数**、キャピタルゲイン（売却益）……。利回りが大切なのは間違いありませんが、経験を積んだ戸建て投資家は利回りだけにこだわって手を出すことは決してしません。

残存耐用年数

建物や設備が法的に、または経済的に使用できるとみなされる期間のこと。耐用年数は税務上定められたもので、減価償却の計算基準となる。たとえば木造物件の耐用年数は22年、RC造の物件の耐用年数は47年と定められている。残存耐用年数は、築年数や建物の状態を踏まえて、現時点で今後どれだけ使用可能かを示す期間。資産価値や融資審査に影響を与える要素の1つ。

戸建て投資家にインタビュー

物件を5万円でゲットする ボロ戸建て投資家エリックさん

「ゆるニート大家」の二つ名でも知られるエリックさんは、東京都渋谷区出身で、現在は千葉県木更津市在住の方。「働きたくない」「ニートになりたい」を掲げて2016年に競売物件を購入することからスタートしました。2019年に房総半島を襲った台風15号の際に修繕を頼む業者が見つからなかったことで一念発起してDIYを開始。戸建て24戸、シェアハウス2棟、民泊1戸を運営中です。

エリックさんが最初に購入したのはどのような物件だったのですか。

最初は意外とボロくない物件を競売で４３０万円で購入しました。外壁塗装や間取りの変更など３００万円かけてフルリフォームしました。いまは月額９万円で貸しています。

９万円はすごい。その物件の利回りはいくらくらいですか。

だいたい14%です。これまで一度も空室になったことがないんですよ。

賃料９万円で14%はよい数字です

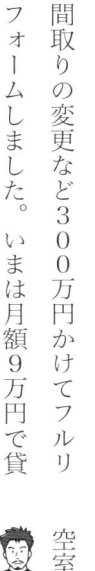

ね。そこまでボロくない物件であれば運用もラクですか。

はい。東京に住んでいたころから業者に管理を委託しているのでほとんど手がかからないですね。ただその物件、じつは購入時に占有者がいたんです。

競売物件に占有者。競売あるあるですね。その占有者の問題はどのように解決されたのですか。

交渉です。最終的には3万円で解決できました。

ずいぶん安価で済みましたね。強制執行なども考えたのでしょうか。

強制執行も考えたのですが、その費用見積もりが90万円と出たのでやめました。

占有者との交渉の際に「占有していても、どのみち強制執行で出ていかなきゃいけなくなる」というフレーズは有効という話を聞いたことがあります。それが相手に出ていってもらう口実になる、と。とはいえ強制執行にはかなりのお金がかかるのですね。

エリックさんがこれまで購入してきた物件のなかで最安物件はいくらくらいですか。

5万円の物件が5つあります。

それはまたベラボウな（笑）。毎回同じ業者から購入しているのですか。

3件は同じ業者です。その業者はどんどん私に物件を投げてくれて、好きに値段を付けちゃってくださいという感じです。

それだけ安いと室内のコンディションがすごそうですね。物件の状態はどうでしたか。修繕費もかなりかかりますよね。

ゴミや残置物を捨てるくらいで2万8000円で貸せているものもあるんですよ。もちろんガッツリ直している物件もあって、一番高く貸せている物件で5万5000円の賃料をもらっています。

大家には修繕義務がありますから、2万8000円くらいの賃料で貸していると修繕費のウエイトが高くなって経費倒れしてしまう可能性がありますよね。そのへんは工夫されているのでしょうか。

安く貸す代わりに修繕をしないという契約を結んで対応するようにしています。雨漏りや電気関係は直しますけど、入居者さんにはこの賃料の条件として基本的に修繕は対応しないと伝えて合意を取っています。ただ、それでも入居者さんから連絡が来ることはありますね。

当事者同士で契約する場合は仲介業者も介在していないので、もし問題が生じたら自分たちで解決するしかありませんよね。

私の場合は近くの物件で小さな修繕だったら自分で行って直しちゃいます。そして、できないことに関してははっきりと断ります。ただ、それは誰でもできる対応ではないかもしれませんね。

気の優しい人は入居者の小さな要望にも応えてしまいがちです。それがリスクになる可能性もありますね。

たしかに、なかには小さなことでも長文のメールを送ってくる入居者さんもいます。私はそれをスルーできますが、すべての人がそうできるわけではありません。それを苦痛やストレスと感じる人もいると思います。

続いてボロ戸建て投資のメリット・デメリットについて教えてください。

ボロ戸建て投資のメリットは、少ない資金でもガッツと努力があれば始められることです。そして価格が安いのでリカバリーが効きやすい。反面、投資効率はよくありません。

ボロ戸建て投資は手間や労力がかかるので、サラリーマンで実入りの多い人だったら本業に専念したほうがよさそうですね。

すでにお金がある人や、いまの仕事である程度の収入がある人にボロ戸建て投資はおすすめできません。とくに時間に追われている人は厳しいと思います。

ボロ戸建て投資のデメリットについてもう少し教えてください。

一番のデメリットは頻繁に何らかの修繕が必要になる点ですね。

問題が1つ解決すると次が待っているような感じでしょうか。ボロ物件はそういう印象があります。

まさにそのとおりです。たとえば床をはがして修理できたと思ったら、次は別のところでシロアリ被害が見つかるみたいな。修繕個所は無数に出てきます。

すべてを業者に発注していたら費用が膨大になりそうです。

はい。それもそのとおりです。なのである程度自分で直せる人じゃないとボロ戸建て投資は成立しないと思います。

エリックさんはかなりＤＩＹの経験があるそうですが、ＤＩＹのメリットについて教えてもらえますか。

当たり前ですけどＤＩＹをすればリフォーム費用を下げられます。それと、たとえ不器用な人でもユーチューブを見れば何とかなる点もメリットだと思います。

解説動画が数えきれないくらいありますからね。いいお手本動画を見つけられるとＤＩＹははかどります。

あとＤＩＹをやっているとリフォーム業者へ発注する際の価格の目安がわかるようになります。たとえばウォシュレットの交換のような簡単な作業で高い見積もりが出てきたら自分でやっちゃいますし、逆に自分がやって大変だった作業を代わりにやってくれるのであれば、それに見合った金額を気持ちよく払えます。

自分で部材を購入したり施工しているからこそ、業者に発注したときにふさわしい金額なのかどうか判断できるということですね。

ＤＩＹをする際の注意点についても教えてください。

これはＤＩＹヤーの人はみんないうことですけど、素人は躯体をいじってはいけないということです。建物の重要な個所は専門家に任せるべきです。

下手に躯体をいじって、万一入居者さんに被害が出れば大家が責任を負うことになります。

そのとおりです。クロスの交換やクッションフロアの施工程度でもリフォームコストの大きな削減になるので、それくらいでも十分だと思います。

ボロ戸建て投資の苦労話など教えてもらえますか。

室内に入らないまま買ったりするので、どのくらい修繕が必要なのかわかりません。床を開けてみて「あっ！　ここもダメだ」みたいなことが多いです。

5万円の物件は通常の物件のようにはいかないでしょうからね。宝くじを買っているようなものでしょうか。

本当になかなかに入ってはじめて当たり外れがわかる感じです。以前購入した物件で室内に入ったら猫のミイラが5～6体出てきたことがありました。「まさか、そんな！」みたいなことが起こるのがボロ戸建て投資です。

最後にエリックさんの今後の投資プランについて教えてもらえますか。

最初のころは物件をずっと持ち続けるつもりだったのですが、いまは年に1つくらいのペースで売っています。

売る理由は何ですか。

不動産は毎月の定期収入がほしくて始めました。でも実際に物件を持ってみると、いらない物件や問題のある物件が出てくる。そういう物件を手放しています。

売り時も考慮していますか。

はい。いまは市況がよいので売却益を得られています。

たしかにいまは売り時ですよね。

必要なくなった物件はどんどん手放

して、それをよい物件に替えていくことを意識しています。

その結果、いい物件だけが残るわけですね。

最終的にはよい物件に絞って、それを持ち続ける形になりそうです。

売却すればキャッシュもできるし、よい物件を買い足していけば質の高いポートフォリオをつくれます。私も、持ち続けるよりも定期的に売却して物件の新陳代謝を図ったほうがよいと考えています。

いまは築50年台のようなボロ物件が多いので、ボロ物件を売却して築30年台くらいの物件にシフトしていくことを目指しています。

築40年、50年の物件には火災保険が適用されない可能性もありますから、物件シフトはよい戦略かもしれません。古い物件は今後いっそう火災保険の請求が難しくなると思います。請求しても、もともとボロかったからと経年劣化と判定されて請求が否認される可能性もあります。

私がその経験者です。台風で破損した屋根について請求したらそのようにいわれました。火災保険が適用されなくなったら大問題です。戸建て投資をやる人にとってはとても重要な論点ですね。

エリックさん

YouTube　エリック不動産チャンネル
https://www.youtube.com/channel/UCnKwuAqSDoC1Glh_IERfPYQ

X
@eric7blog

第4章

戸建て投資家が内見前・内見時に必ずチェックすること

ネットでできることは ネットで済ませる

内見に出かける前にやっておきたいことがいろいろあります。

まず、物件の住所の確認です。これは業者に問い合わせればすぐにわかります。そしてグーグルマップで物件周辺の状況をチェックします。グーグルマップのストリートビューを使って写真で現地確認をしてください。よほど辺ぴなところやよほど入り組んだ路地でもない限り、ちょっとくらいの田舎ならストリートビューでバッチリ確認できます。

グーグルマップで必ず確認したいのは、**スーパーなどの買い物施設が近くにあるか、学校が近隣にあるかどうか。これらの施設が戸建て物件のそばにあることは、客付けでかなりの加点ポイント**になります。買い物の便利さや学校へのアクセスは日常生活に直結することです。戸建て賃貸のターゲットはファミリー層ですから、こうした部分は物件選びの決定打になることが多いです。

通勤・通学の利便性や、家族全員が快適に暮らせる環境を提供できる物件は長期的な賃貸につながりやすく、空室リスクの軽減にも貢献します。

物件調査に使えるサイト

見える！賃貸経営

第1章でエリアごとの空室率をチェックできるサイトとしてご紹介しました。ホームズの「見える！賃貸経営」は、それ以外にも不動産投資で有用な情報を引っ張ってくることができるので非常に便利です。確認できるのは主に次の4つです。

人口数と人口の増減

知っているエリアでもあらためて数字で見ると、「よく車で通るあの地域は最近幹線道路沿いにお店がいっぱいできているけど、じつは人口自体は減っているんだな」など新たな発見があるものです。当然、人口が減少している地域での物件購入は慎重に行う必要があります。

賃貸住宅の空室率

空室率を見ることで賃貸需要のおおよそがわかります。空室率が高いエリアの物件を避けられるならそれに越したことはありませんが、じつは**私が所有している物件の1つは空室率が45%のエリアにあります。**

45%なんて半分近くが空室なわけですから、ちょっとヒイてしまうくらい高いです。この数字だけ見たら、とても賃貸が決まる気がしないでしょう。しかしこの物件、募集から1週間程度で入居が決まりました。なぜこのようなことが起こるのでしょうか。

理由は3つあります。1つ目は、**そのエリアのなかでも人気のエリア・不人気のエリアがある**こと。2つ目は、**見える！賃貸経営で表示される空室率はマンション、アパート、戸建てなどの賃貸物件を合わせての数字なので、物件の種類によって需要の濃淡がある**こと。3つ目は、**そのエリアで募集中のほかの物件はほとんど手が入っておらずクオリティが低すぎる**こと。

以上の理由から空室率が45%という重すぎる数字のエリアでも客付けができています。高い空室率が表示されたとしても、「ここでは絶対無理！　お客さんなんていない！」と一概に決めつけることはできません。

地価

おおまかにその地域の地価を把握できます。ここで確認できるのは、あくまで**街の平均の地価**です。狙っている物件の個別の地価を調べるときには、後述する「全国地価マップ」を使います。

家賃相場

1Rや1LDKなど間取りごとの家賃相場がわかります。間取りごとの家賃相場ですので、戸建てやアパートなど物件の種類では区別されていません。戸建てとアパートでは賃料に差があるので、戸建て物件を探す人にはそれほど参考にはならないかもしれません。

家賃相場は、同じくらいのスペックの物件がいくらで募集されているのかをネットで確認したうえで地場業者へヒアリングしてつかむようにしましょう。

全国地価マップ

このサイトを見れば、固定資産税路線価、相続税路線価、地価がわかります。その名のとおり、固定資産税路線価は固定資産税を、相続税路線価は相続税を算出するときに用いられる評価額です。相続税路線価は地価の8割程度、固定資産税路線価は地価の7割程度の価格になります。実際の土地取引のときに指標になるのは地価で、地価×土地の広さ(平米)で土地の価格を求めます。

「全国地価マップ」を利用すれば、目をつけている物件の土地の価値がいくらなのかがわかります。私は、基本的に地価よりも賃貸物件としての収益性を重視していますが、融資を引いてくる際にはその物件に**担保価値**があるかどうかは重要なので地価も必ず確認するようにしています。

担保価値

銀行からお金を借りる際には不動産を担保にすることができる。銀行は不動産に抵当権を設定することでお金を貸してくれる。不動産を担保とする場合、積算評価が高い物件が担保価値の高い物件となり、それに見合ったお金を借りることができる。地方の木造築古戸建てやアパートは積算評価が低く担保価値が低い物件となり、融資審査が厳しくなる。

ただし、田舎の物件では路線価が付いておらず土地値を調べられない場合もあります。そういうときは評価証明書を参照します。役所で評価証明書を取得できるのは所有者本人だけですので、目をつけている物件の評価証明書の確認は仲介業者を通して行います（97ページを参照してください）。

不動産情報ライブラリ

不動産に決まった価格はありませんから、仲介業者から物件を紹介してもらっても高いのか安いのか、その判断は素人にはなかなか難しいものです。

売りに出ている物件の価格は不動産ポータルサイトを見ればわかりますが、実際の取引では指値が入ったりしますので、必ずその価格で売買されているとは限りません。**過去の取引事例を閲覧できるサイトが、国土交通省が運営する**

不動産情報ライブラリ

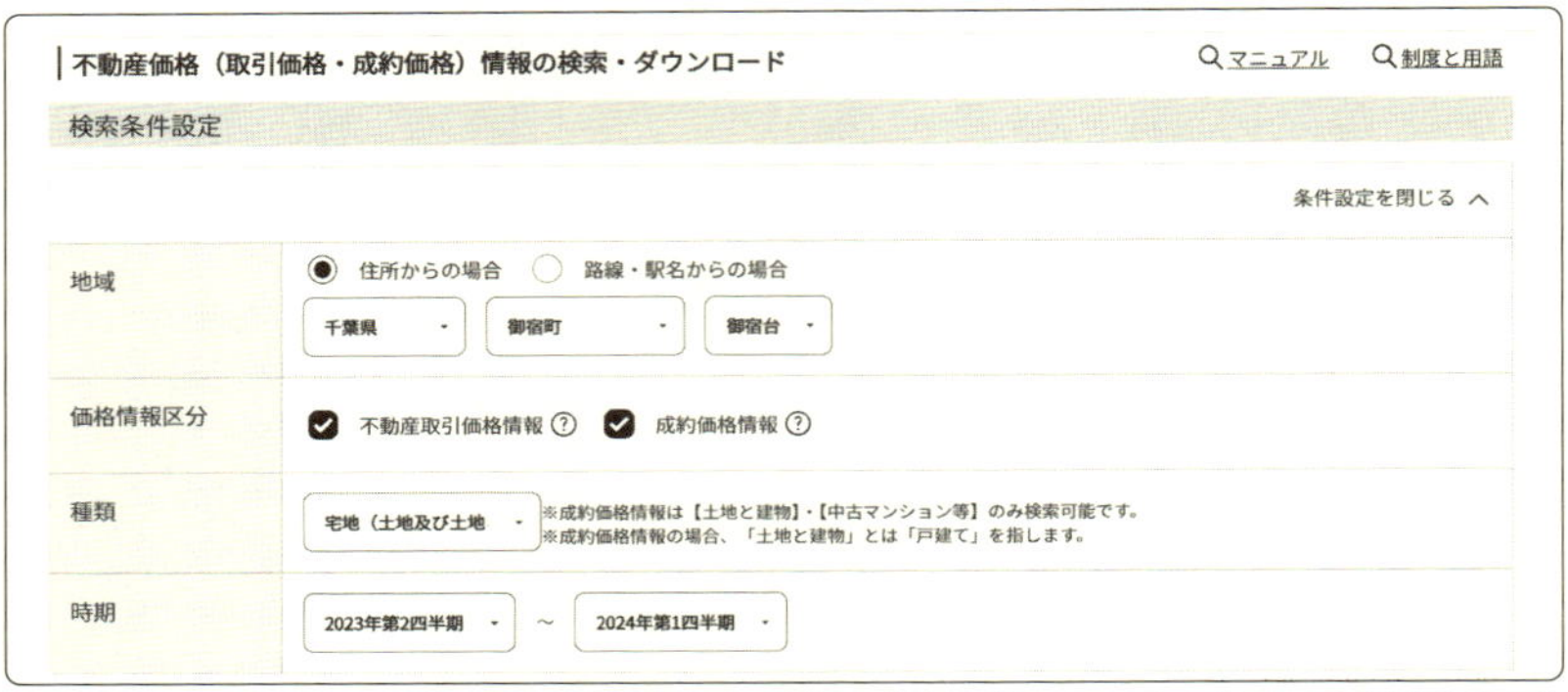

レインズを見られない一般の不動産投資家の強い味方。狙っているエリアの取引事例は必ず確認しておきたい。

「不動産情報ライブラリ」です（業者なら**レインズ**で取引事例を確認できますが、レインズは不動産業者以外は利用することができません）。

私ははじめて物件を購入するエリアでは、必ず不動産情報ライブラリで過去の取引事例を確認しています。自分が購入しようとしている物件が相場よりも割安なのかどうか判断の材料にしています。

このサイトの「不動産価格（取引価格・成約価格）情報の検索・ダウンロード」では、選択したエリアの指定した期間内での取引事例を閲覧できます。過去に取引された物件の所在地、最寄り駅と最寄り駅までの距離、取引総額、土地・建物の面積、建築年、建物の構造、前面道路の種類・方位・幅員、取引時期などを確認することができます。

購入しようとしている物件の近隣の取引事例と比較することができるわけですが、もちろんこれらの情報だけで判断できるものではありません。同じスペックの物件であってもメンテナンスがまったく行き届いておらずリフォームに多額の費用がかかる場合などもあります。とはいえ不動産情報ライブラリは、判断材料の1つとして用いる分にはとても有用なサイトだと思います。

大島てる

自殺、他殺などがあった、いわゆる事故物件は告知義務があるので、物件購入時には不

レインズ

日本全国の不動産業者が参加する、不動産取引のための情報ネットワークシステムのこと。「Real Estate Information Network System」の頭文字を取って「REINS」。物件情報の共有を促進し、不動産取引の透明性と効率性を高めることを目的としている。不動産業者はレインズを通じて売買や賃貸物件の最新情報をリアルタイムで確認できる。

動産業者から知らされることになります。しかし、**物件の隣家や近所にそのような事故物件があっても告知義務はないので購入者には知らされないことが一般的**です。凄惨な事件・事故があった場合、その周囲の物件にも影響が及ぶ可能性があります。

「事故物件公示サイト」をうたう「大島てる」では、自殺、他殺、事故があった物件の住所や、事件・事故の状況などが示されています。物件を調査する際には念には念を入れて、周囲にそのような事故物件がないかどうか一度チェックしておくことをおすすめします。

ハザードマップの入手を忘れずに

続いて、ハザードマップで浸水、冠水の危険エリアでないか、がけ崩れのおそれがあるエリアでないかをチェックしましょう。**ハザードマップは物件所在地の役所のホームページからアクセスできます。「○○市　ハザードマップ」で検索しても出てきます。**

地方には冠水しやすい場所がたくさんあるので、ハザードマップは必ずチェックしておきたいところです。

ゲリラ豪雨や台風の被害が拡大傾向にあるのは皆さんご存じのとおりです。何年か前に台風がやって来たとき、私の住む地域では夜半から朝方にかけてかなりの大雨が降りました。当時私はサラリーマンで、車で田んぼ道を通って通勤していたのですが、そのときはいつも通っている道が見当たりません。そこはまるで湖のようになっていて道が完全に水没していたのです。取引先の営業所も浸水して、その日は仕事になりませんでした。地方では比較的都市化されているエリアでも冠水の危険性があるので注意が必要です。

ハザードマップには「津波浸水予測図」もあります。かつて私が所有していた物件の1つは海まで徒歩5分という立地にありました。ハザードマップの津波浸水予測図でも浸水危険エリアとして色分けされている場所です。任意売却でかなり安く購入できるということでこの物件を取得しましたが、海が近すぎて一般の人は二の足を踏んでしまって借り手は付きづらいだろう、借りてくれるとしたらサーファーか釣り人か、いずれにしても今回は客付けが難しそうだと思い描いていました。

ところが、募集から1週間後にあっさり入居決定。しかもサーファーでも釣り人でもなく、入居してくれたのは普通のファミリーでした。このあと私の友人はさらに海寄りの場所に物件を購入したのですが、そこも1週間程度で客付けできたそうです。

津波の恐ろしさはいうまでもありませんが、こと戸建て賃貸に限っていえば海に近いからダメということには必ずしもならないようです。もっとも、これはあくまで千葉県の海近物件での話です。南海トラフ地震の危険エリアでは海近は客付けしにくいといった話も聞きますので、購入前に地場の不動産業者にヒアリングすることを怠らないでください。

内見は
物件に着く前から始まっている

ここでは、不動産業者と一緒に車でお目当ての物件に向かっている場面をイメージしてください。

チェックは物件に向かう道中から始まっています。ある物件の内見に出かけたときのことです。地方では道幅が狭い土地がたくさんあります。その物件の周囲の道も細く、車は1台分しか通れませんでした。細道を走っていたところ、そこに対向車が無理やり一本道に入ってきたのです。その車は強引に私の横を過ぎていこうとして、ガリッとサイドミラーをやられてしまいました。そんなところで毎日の生活を送りたいと思う人はあまりいませんよね。**周辺地域の道幅のチェック、これは必須**です。

そして**物件に到着したときにアンテナを立ててほしいのは、住宅地の雰囲気がどうか**ということ。近隣に空き家が多かったりして何となく薄暗い雰囲気が漂っていないでしょうか？　地方では空き家が多く、基本的に空き家はメンテナンスされていないので廃墟のようになっていることがあります。そのような空き家が点在している住宅地は景観が悪く、入居付けに苦労することになります。

私が所有する物件でのことです。賃貸募集をかけて内見は数回あるものの、なかなか申込みに至らないことがありました。私は仲介業者に頼んで、ダメと判断した理由をお客さんに聞いてもらっていたのですが、そのなかのお一人が物件の裏手にある空き家がオバケ屋敷みたいで怖いとおっしゃっていたそうです。物件自体はよかったとしても、住宅地の雰囲気がイマイチだと評価は確実に下がります。あくまで**「ここなら自分でも住める」雰囲気の住宅地で物件を探しましょう。**

そしてもう1つ、**物件周囲のにおいにも十分気をつけるようにしてください。**

地方では養鶏場や養豚場はよく見かける施設です。これらの近所ではにおいがかなりキツい。私は以前、養鶏場の近くに住んでいたことがあるのですが、夏場は網戸を開けていると何ともいえないにおいが入ってきました。

内見に行って「あれっ！　施設の近くでも意外とにおわないじゃん」と安心してはいけません。においは風向きに左右されることがあるので、近くに養鶏場や養豚場がある場合は何回かチェックしに行くことをおすすめします。ちなみに夏場の雨上がり時などはよりにおいがキツくなるそうです。

理想は2台分の駐車場確保できないときはどうすればいい？

次のチェックポイントは、**地方の物件では必要にして欠かすことのできない駐車場**です。

地方では基本的に駐車場は2台分必要です。1台でも入居が付かないこともありませんが、戸建ての大切なターゲットはファミリー層です。想像してみてください。お父さんは車で仕事に出かけます。お母さんも子どもの送り迎えに車を使ったり、パート先に向かったり、買い物に出かけたりします。地方では駐車場は2台必要とするファミリーが多いです。

駐車場が1台分しかなくても、庭に手を入れてスペースを確保できたり、ブロック塀を多少壊して駐車場を確保できるならOKです。これらは駐車場を造作するのにさほどお金がかかりません。一方スペースがあっても段差がかなりある場合には、段差調整で出費を強いられるので避けたほうが無難でしょう。

どうしても駐車場を2台分確保できない場合は近隣に駐車場がないか確認します。**見つからなかったら空き地でもOK**です。空き地には管理会社の看板が立っています。**電話を**

入れて駐車場として利用できないか問い合わせてみましょう。私が物件を持っている地域では月2000~3000円で借りられる場合が多いです。

それでも駐車場を確保できない場合には生活保護受給者の方をターゲットにするという方法もあります。**生活保護受給者の方は車を所有できないので駐車場が必要ありません。**

一方で生活保護受給者の方の賃料には制限があります。たとえばシングルであれば3~4万円、ファミリーであれば人数にもよりますが、だいたい4~6万円（地域により基準値に差があります）。それ以上の賃料はいただけないということです。制限内の賃料で十分な利益が出る物件を仕込む必要があります。そして、ほぼ生活保護受給者しかターゲットにできないので空室期間が長期にわたる可能性がありますし、駐車場がないことで売却時に難儀することも考えられます。やはり十二分に安い価格で物件を仕入れることが条件になります。

あとになって「建て替えできない！」じゃシャレにならない

続いて接道状況をチェックします。物件の前面道路はしっかり4メートルの幅がありますか？　なければセットバックといって、建て替えるときに前面道路が4メートルになるように敷地を後退させる必要があります。建築基準法では、**幅員4メートル以上の道路に土地が2メートル以上接している敷地でなければ原則として建物を建てられない**と明記しています。

接道状況とセットバック

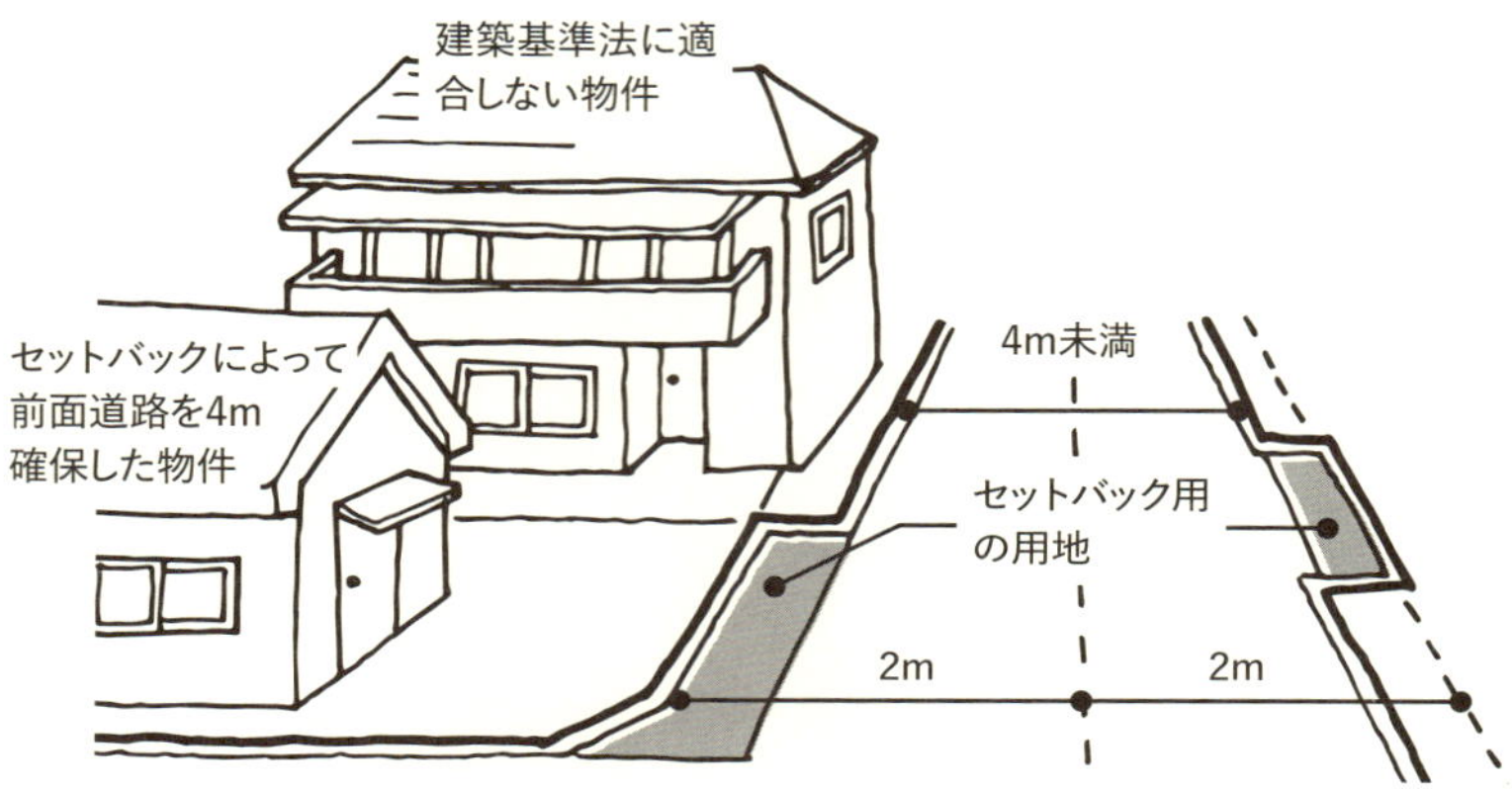

地方の道は意外と狭いことが多いので、図のようなセットバックの物件をよく見かけます。前面道路が建築基準法の条件を満たしていないということで再建築不可となっている物件もあります。再建築不可やセットバック要の場合には仲介業者が説明してくれますし、ネットの物件情報にも記載されていることが多いのですが、念のため確認は怠らないようにしましょう。

接道状況をチェックしたあとは**隣地との境界も確認します**。基本的には境界標があるので、それで境界の確認ができます。地方物件の売買では測量を入れない**公簿売買**が主流ですが、境界が不明確だと近隣とトラブルになってしまう可能性があるので、測量は入れないとしても境界がどこになるのか確認をしっかり行うようにしてください。

公簿売買（こうぼばいばい）

登記簿に記載された土地や建物の面積を基準として行われる不動産の売買のこと。公簿売買では、実際の測量結果に基づく正確な面積ではなく、登記簿上の情報をもとに取引が行われるため、売主は面積の誤差に対する責任を負わないことが一般的。公簿売買に対して実際の測量結果に基づく売買のことを「実測売買」という。

リフォームで一番お金が出ていくのは外壁の修繕

続いて建物のチェックに移ります。

まず外観を観察しましょう。外壁が色あせていたり、苔《こけ》だらけになっていたりしませんか？外壁のコーキング部分も確認しておきましょう。コーキング（壁面のつなぎ目、窓枠の周囲、部材の接ぎ目などの小さな隙間を目地材でふさぐこと）がボロボロになっていればそこから浸水してくる可能性があります。地方戸建て投資では物件のほとんどが築20年以上になるはずです。**築20年以上で一度も外壁塗装をしていなければ、購入後に外壁塗装が必要になる可能性があります。**

いつまでも外壁塗装をしないで放置していると外壁から雨水が侵入して雨漏りを起こします。いままで数多くの戸建てを内見してきましたが、**雨漏りの原因で一番多かったのが外壁塗装の劣化**です。雨漏りを放置していると今度はシロアリがわいてきます。

外壁塗装が必要になると、リフォーム費用に70〜80万円程度がプラスされます。屋根の塗装が必要な場合はさらにかさんで高額な出費を覚悟しないといけません。逆にいえば**外**

壁のリフォームが必要なければ修繕コストをかなり安くあげることもできます。

なお、外壁塗装はしたけれど、少しでもコストを抑えたいからと屋根の塗装を省略してしまうのは間違いです。外壁塗装は基本的に足場を組んで行います。足場を組むには20万円程度のお金がかかります。屋根の塗装を別の機会に譲ってしまうと、再度足場を組まなければいけなくなってまたしても20万円が出ていってしまうのです。**外壁塗装をするのであれば屋根も一緒にやってしまうのが正解**です。

余談になりますが、私の友人が購入した戸建てにはエコキュートが付いていました。エコキュートは、大気熱を利用して少ない電気でお湯を沸かすことができる電気式の給湯器。友人もプラスアルファの設備が付いていたので最初は喜んでいたのですが、エコキュートの寿命はだいたい10年くらいといわれています。そのエコキュートは設置から10年が経過していました。購入前には動作確認もしていません。

友人の物件に付いていたエコキュートはすでに製造中止になっている型番で、壊れても交換する部品がなかったそうです。壊れてしまえば新たにエコキュートを付けなければいけないわけですが、その費用は当時で約60万円。入居者さんは喜ぶかもしれませんが、そのお金は当然私たち大家持ちです。友人はプロパンガスに切り替えて、エコキュートはプロパンガス業者に引き取ってもらったそうです。

水回りのコンディションも物件取得後のお金回りを大きく左右する

物件のなかを見ていきましょう。

私がまずチェックするのは水回りです。**キッチンやお風呂、これらの設備の損耗が激しく交換が必要な場合には多額のリフォーム費用がかかります。**キッチンは少なめに見ても30〜40万円、浴槽のユニットバス交換の場合には70〜80万円は覚悟したほうがいいかもしれません。

トイレは便器の交換くらいであればそれほどかかりませんが、排水が汲み取り（俗にいうボットン便所）の場合には、浄化槽や下水にしなければ入居が付かないこともあり得ます。

浄化槽に替える場合は低めに見積もっても60万円はかかります。居住用では市町村から補助金が出ることもありますが、基本的に投資用の物件には適用されません。前面道路に下水が通っている場合も接続費用に30〜40万円はかかります。

浄化槽には、浄化槽で処理した水を地面に浸透させるタイプと側溝に流すタイプのものがありますが、側溝に流すタイプのほうがいいです。浸透式は浸透しなくなってしまうと新たに浸透桝を設置しなければいけないなど費用がかかります。ただし、側溝に流すタイプの浄化槽でも保守点検など定期的なメンテナンスや清掃が必要で、その分のお金がかかります。

結局のところ**圧倒的にいいのは下水**です。排水設備の優先順位はこんな感じになります。

下水 ＞ 浄化槽（側溝） ＞ 浄化槽（浸透式） ＞ 汲み取り

さしあたって水回りや外壁のリフォームが必要ないのであれば、それほどリフォームコストがかさむことはありません。壁や床が汚れているような物件はいくらでもありますが、壁紙交換や畳の表替え、クッションフロアに張り替えるなどの対応でかなりキレイになります。

井戸水の戸建ては案外多い　その問題点は？

上水道も確認しておきましょう。

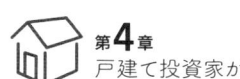

地方の戸建てでは井戸水物件が珍しくありません。井戸水の何が問題なのかというと、**井戸水をポンプで汲み上げている**こと。

以前私が所有していた物件で、こんなことがありました。もう年の瀬が押し迫っている12月末。管理会社の方から1本の電話が入りました。いつも明るく快活な管理会社の担当者さんは、そのときはいつになく深刻な様子でした。2戸1《にこいち》の物件（1つの建物のなかで2世帯居住ができる物件）だったのですが、その入居者2組から同時にクレームが入ったというのです。

水が出ない！　と。

この物件は井戸水を利用していて、水を汲み上げるポンプが故障してしまったようです。担当者さんは私に連絡する前にかたっぱしから電話で修理業者に当たったそうですが、年末休暇に入っていてどこの業者とも連絡がつきません。唯一連絡がついた業者もパーツの在庫がなく、発注してから修理できるまでに1週間かかってしまうそうです。どうしようか？　2人で途方に暮れました。1週間も水が出ないなんて、そんな生活は考えられません。

私も管理会社の方と一緒になって修理をやってくれる業者がないかネットで探し回っていたそのとき、普段お世話になっているリフォーム会社の担当者から電話が入りました。そのリフォーム会社の方がつき合いのある業者に無理を承知で頼んでくれて、すぐに修理してもらえることになったのです。このとき修繕にかかった費用は16万円。この物件は深井戸だったこともあってポンプの修繕代が高くつきました。

そして井戸水のもう1つの問題点は、有害物質が検出される場合があることです。井戸水は塩素消毒されておらずカルキ臭がすることもないのでおいしい水を味わえるのですが、反面、**水質によっては除菌器や浄水器が必要になってくる場合があります。**

私は以前、共同出資でアパートを購入したことがあるのですが、そのアパートの水が井戸水でした。水質検査をしたところ井戸水から飲用に適さない物質が検出されたので、それを取り除く浄水器を設置しなければいけないことになりました。そのときのコストは十数万円。

自然の恵みを享受できる井戸とはいっても、それにはいろいろなコストがかかるということです。もちろんデメリットばかりではなく、井戸水は無料で使い放題なので入居者に喜ばれる面もあります。

いずれにしても地方で戸建て物件を購入する際には井戸水かそうでないかをチェックしましょう。井戸水であるならポンプや水質に問題がないか最低限確認しておく必要があります。

雨漏り、シロアリ、傾き……後悔先に立たず

もう1つ大事なチェックポイントがあります。

それは**雨漏り**。室内の壁や天井にシミのような跡がありませんか？　**そのシミは雨漏りのサイン**です。

外壁塗装やコーキングの劣化による浸水での雨漏りが多いのですが、原因不明の雨漏りもあります。原因究明と問題解決に思いもよらない費用がかかってしまうこともありますので、**雨漏りが疑われる場合には、なるべく購入前に原因を突き止めておきたいところ**です。ただし雨漏りの原因特定は時間がかかるので、私の場合は特定を待たずにそのまま買うことも多いです。雨漏りリスクを許容したくない人は避けるほうがよいと思います。

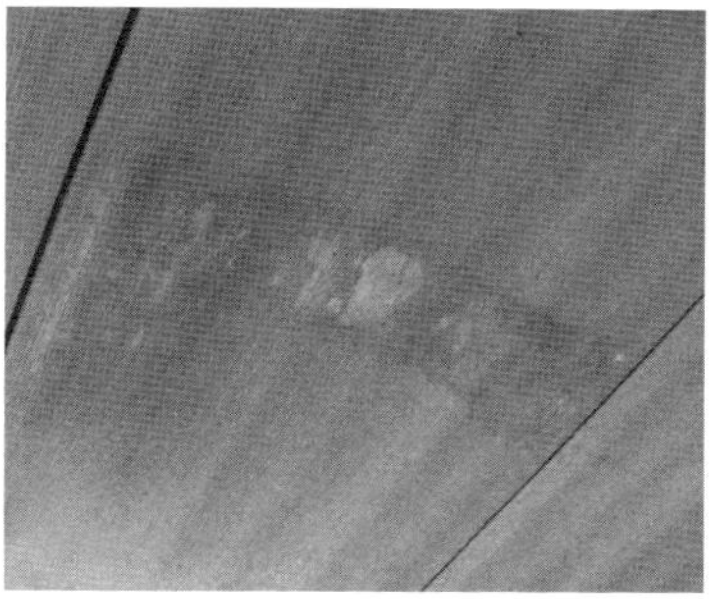

壁や天井にシミのような跡があったら要注意。その跡が雨漏りによるものであるかどうか必ず確認したい。

そしてシロアリのチェックをしてください。私は

必ず**トイレドアや浴室ドアのドア枠を確認します。**この部分がよくシロアリに食われるからです。ドア枠の下のほうを押してみると、シロアリに食われている場合はなかが空洞になっているので「パキッ」と嫌な音がします。

また、**床鳴りが激しい場合にもシロアリが潜んでいる可能性が高い**です。購入前に仲介業者にお願いして、シロアリ業者に床下に潜ってもらい確認してもらいましょう。シロアリ検査は基本的に無料で、通常であればすぐに手配してもらえるはずです。

もっとも、私は以前こんなことがありました。私がまだ駆け出しのころ、100万円台の物件の内見をしたときに雨漏りを見つけたので、「念のためシロアリの有無を確認してください」と仲介業者にお願いしたのですが、**「そういったことも織り込み済みの値段なので……」**と、つれなく返されてしまいました。極端に物件価格が安いとシロアリ検査すらしてもらえないことがあるようです。その場合は自分で業者を手配して検査してもらうしかありません。シロアリが見つかった場合、食害が建物躯体に及んでいるようであれば建物の耐久性はかなり落ちています。もしシロアリ物件を購入するなら、当然それを理由に指値を入れることになります。シロアリ駆除料金の目安は、おおよそ10～15万円ほどです。

傾いている物件をどうにかするのはハードルが高すぎる

建物の傾きも確認してください。

建物が傾いていると、戸の開け閉めの不具合や隙間風といった問題が起こります。それくらいでしたらまだ軽微なものですが、人体にも悪影響が及びます。平衡感覚を司る三半規管に異常が発生し、頭痛やめまい、吐き気などの健康障害が生じることがあるといわれています。

建物の傾きを修繕するとなったらジャッキアップなどで家そのものを持ち上げることになりますが、その場合には100万円以上の出費を覚悟しなければいけなくなります。

軽度の傾きであれば床の高さ調整で傾きを修繕できるケースもあります。私はそのような場合であれば購入対象としていますが、これから始める方は傾きが軽度かどうか判断が難しいでしょうし、判断を誤ってジャッキアップなどを行うはめになったら相当な費用がかかるため、**基本的に傾き物件は見送ることをおすすめします。**

内見時に扉や窓など複数の建具がミョーに開きづらければ傾きが生じている可能性があります。建物基礎部分や外壁にヒビがある場合も要注意です。

一番簡単で確実なのは内見時に水平器を持っていくことです。水平器は安いものなら300円程度でホームセンターで手に入ります。物件内見時に持参するようにしましょう。忘れてしまってもスマホには水平器アプリがあるので、簡易的にはなるもののそれで代替することもできます。

売却理由は指値の行方を左右する

内見時に必ず確認しておきたいことがもう1つあります。

それは**売主さんの売却理由**。その売却理由によって値下げが可能かどうか推し量ることができます。これまでの経験からいって、「これは値下げできそうだ」と思える売却理由は大きく2パターンあります。

まず1つ目は**相続物件**です。相続物件は、売主が速やかな売却を希望しているケースが多いのが特徴です。相続した物件を保有し続けるよりも、できるだけ早く現金化して親族間で分配したいという事情が背景にあります。相続人が複数いる場合、時間がたつほどトラブルになる可能性も高まるため売却を急ぐ理由が強まります。

また、売主が物件から遠方に住んでいる場合、物件の維持管理が負担となり手放したい気持ちがより強くなることがあります。地元の不動産事情に詳しくないので相場を把握できず、値付けが不動産業者任せになることも少なくありません。このため市場価格よりも低い価格で売りに出される可能性があります。

私もこれまでにいくつか相続物件を購入してきましたが、**売主が価格交渉に柔軟であったりスピーディな取引ができるなど、良好な条件で購入できることが多い**と感じています。相続物件は、価格や交渉面で投資家にとって有利になることが多いので検討する価値は十分にあります。

競売に流れそうな任意売却物件は狙い目

２つ目は、91ページで取り上げた**任意売却物件**です。任意売却物件は、住宅ローンの返済がとどこおり債権者に差し押さえられている状態の物件です。**この任意売却物件が競売になる直前の段階だと指値が効きやすい**です。

競売になると、債権者は通常の売却よりも手続きで費用がかかります。どのくらいの価格で落札されるかも不透明です。競売は債権回収の最後の手段で、物件が市場価格よりも低く売却される可能性もあり債権者にとってリスクが高いです。それで債権者にはできるだけ競売を避けたいという心理が働きます。

任意売却は債務者が市場で物件を売却しますから債権者も協力的で、購入希望者が出す指値が受け入れられる可能性がアップします。とくに売却期限が迫っている場合や、債権者が早急に現金化を求めているケースでは売却条件の交渉がしやすくなり、よい条件で物件を手に入れるチャンスとなります。

これまでに任意売却物件をいくつか購入してきましたが、うまく指値を使って市場価格を下回る価格で購入することができています。49ページの物件がこのパターンで、380万円で売りに出ていたのを250万円で買付を入れました。仲介業者も驚きの130万円の指値というわけですが、これが通ってしまいました。**一番の理由はこの物件が競売に流れる寸前だったから**です。

一方でネットに掲載されて間もない任意売却物件にもハードな指値をして買付を入れたことがありますが、それは軽くはじかれてしまいました。仲介業者も「まだ掲載したばかりなので……」という反応で、そのときは交渉のテーブルにつくこともできませんでした。

第5章

“買える”
戸建て投資家になる！

通る買付、はじかれる買付

ここまで説明してきたステップを踏んできて、よい物件にめぐり会えたとします。もうすでにチェック済みだと思いますが、あらためて購入予定の物件と同じエリアで、同じようなスペックの物件がいくらで賃貸募集されているのかネットで確認してください。近隣の不動産業者にも問い合わせてみましょう。家賃相場を再確認します。

ここで注意点が1つ。それは、**あまり近隣の不動産業者の意見を鵜呑みにしてはいけない**ということ。

以前こんなことがありました。

物件を購入したものの、そこははじめてのエリアで相場を正確につかみきれていませんでした。そのエリアは不動産ポータルサイトの物件掲載数も少なく（とくに戸建ては顕著でした）、賃料相場がわかりにくかったのです。そこで家賃相場と賃貸需要について周辺業者に電話で問い合わせを入れました。

私「おうかがいします。○○市○○の3LDKで土地40坪、築○○年、内装・外装リフォーム済みの戸建て物件なのですが、いくらくらいで貸せそうですか?」

業者「う〜ん、ウチで管理している同じ程度の物件を5万円で募集していますが、なかなか賃貸が付かないんです。けっこう厳しいですよ」

ほかにも数社問い合わせましたが同じような反応です。業者の言い分では、戸建てとはいえそのエリアでは需要が少なく賃料は5万円が限界とのこと。ですがフタを開けてみると、5万8000円で募集したところ、3カ月と少し時間はかかりましたが入居を決めることができました。業者の言い値で募集していたら賃料を毎月8000円取りはぐれるところでした。

業者は、賃貸の募集をかけたのに決まらなければ大家からクレームを受けるリスクを負っています。大家から問い合わせを受けたときに、「想定されているよりも高い賃料で決まると思いますよ」なんてうかつに口にしてしまうと、「あのときは決まるっていったじゃないですか!」となりかねないわけです。

業者が客付けによって獲得できるのは仲介手数料と家賃1カ月分の広告費(私が投資しているエリアの場合。地域によって異なります)。5万8000円と5万円では8000円の差がありますが、それくらいの差なら早く決めて現金収入を確保したい気持ちが強いようですので、**業者は相場よりも少し低めの賃料を提案してくることが多い**のです。

こういった注意点を踏まえつつ賃料相場を再確認できたら次に簡単なシミュレーションをしていきます。

たとえば売値が350万円で、リフォームに100万円の費用がかかりそうだとします。仲介手数料は17万円、登記費用は10万円とします（ここではそれ以外の初期費用は除外します）。

賃料相場が5万円の場合は、（5万円×12カ月）÷（350万円＋100万円＋17万円＋10万円）×100で、実質の利回りはおおよそ12・5％。

自分の基準が実質利回りで15％近くはほしい、だとしたら、そのときは指値で280万円で買付を入れます。（5万円×12カ月）÷（280万円＋100万円＋14万円＋10万円）×100＝14・8％。

当然、もともとの売値が280万円であれば指値を入れる必要はありません。それ以下の売値であれば**買い上がり**だって検討してもいいと思います。

売値が350万円なら280万円の指値は70万円もの値引き要求になりますから、売主が相当売り急いでいるなどの事情がない限りは買付が通る可能性は低いでしょう。これまでの私の経験からいうと、300～400万円台の物件であれば30万円以下の指値なら通る可能性あり、という感覚を持っています。

買い上がり

売りに出ている物件価格よりも高い値段で買付を入れること。あまりにも競争相手が多い場合は満額で買付を入れても通らないことがあるが、そんなときは買い上がりで売値よりも高い値段で買付を入れると購入できることがある。ちなみに私はいままで一度も買い上がりをしたことがない。安い物件はスピード勝負なので買い上がりよりもスピーディに満額の買付を入れるほうが効果的。業者は基本的に一番手のお客さんを優先する。

「指値が当たり前」ではいけない

ここで忘れてはいけないのが、自分の購入基準をしっかり持って、その購入基準を満たしているのであれば**指値を控えることも1つの手**ということです。

むやみな指値は仲介業者に嫌われます。希望にそった物件を紹介しているのに、指値ばかり入れてくる人には業者もいい印象を持つはずがありませんよね。優秀な仲介業者は大家にとって宝です。**優秀な業者はこれからもよい物件を供給してくれるのですから、戸建て物件1つと比べることなんてできません。**

指値を入れると決めた場合には、必ず買付証明書に「なぜその値段で買付を入れるのか」を書き入れるようにします。「残置物撤去費用として○○万円、ペットが破損させたと思われる建具の修繕に○○万円かかると予想されるので○○万円で買付を入れさせていただきました」といった具合です。

理由が具体的に記載されていれば仲介業者が売主に報告するときに、「……と……を理由として値下げ交渉されているのですが、どうしますか?」と、**なぜ値下げ交渉なのかを説明しやすくなります。**指値の数字だけで買付を入れた場合には、「○○万円で値下げ交渉されているのですが、どうしますか？」とワンクッション入れることができませんから仲介業者も気まずいでしょうし売主も印象がよくないでしょう。場合によっては**仲介業者が買付証明書を破棄してしまい、売主に届かないこともある**そうです。

指値の副作用はほかにもあります。

まだ駆け出しのころに１８０万円の戸建てを紹介してもらったときのことです。かなり辺ぴなエリアでしたが駅まで徒歩5分、しかも目の前が小学校という立地でした。地場業者にいくらで賃貸に出せるかヒアリングしたところ、「最近、ちょうどその近くの似たような物件が5万円で賃貸が付いた」といいます。それなりの築古物件だったのでリフォームで１００万円はかかりそうでしたが、実質利回り20％以上でいけそうなお買い得物件でした。

そのとき私は指値１５０万円で買付を入れましたが、結果的に買うことができませんでした。私のすぐあとに買付を入れた人がいて、その人は満額の１８０万円でオファーしていたのです。**順番でいえば私のほうが優先だったのですが、このように指値が入っていればそれも簡単にひっくり返されます。**

奪い合いになりそうな物件に指値を入れて買付を出してもまず通ることはありません。**自分の購入基準を十分に満たす物件が見つかったときには迷わず満額で買付を入れる**必要があります。

地方戸建て物件に融資を引くには

戸建ては、アパートやマンションよりも価格が安いので融資を受けやすいだろうと考えている人が多いかもしれません。じつは**戸建ては融資を受けにくい**です。

理由はいくつかあります。

まず売りに出される戸建ての多くは耐用年数を超えており、金融機関はそうした物件に対して融資をためらいます。

そして融資金額の小ささがあります。ロットの小さな融資に消極的な金融機関は多いです。たとえばノンバンク系で三井住友トラスト・ローン＆ファイナンスという金融機関がありますが、融資条件があって彼らは３００〜４００万円の物件への融資はしません（今後、融資条件が変わる可能性もありますが）。数百万円を融資するのも数千万円を融資するのもかかる手間はあまり変わらないため、ロットの大きな融資を優先するというわけです。

価格が安く利回りが高い地方戸建ては土地の担保評価が低くなるのでとくに融資が出に

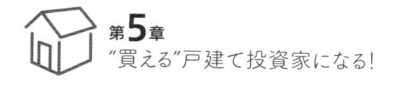

くいといえます。地方の３００～４００万円の戸建てよりも、土地評価が出る都市部の６００～７００万円の戸建てのほうが融資を利用しやすいのです。

では、地方戸建てで融資を受けるにはどうしたらいいでしょうか。私は、**融資を受ける過程は「相手を説得する作業」**と考えています。

金融機関は信用できる相手にしかお金を貸したくありません。まだ取引実績のない人であれば、「私は信用に値する」という証拠をしっかり示す必要があります。

信用できる相手とは、その事業で実績があり安定した収益を上げている人です。あるいは信用度の高い人から新規客として紹介を受けた人です。

実績やコネがない人が金融機関の担当者から信用されるには口で並べ立てるだけではダメで、文書化された事業計画が重要になります。事業計画をまとめた資料が**事業計画書**で、これには物件の資産価値、想定賃料、賃貸需要など、これまでにリサーチしたすべてのデータを盛り込み、計画の信憑性と熱意を伝えます。

戸建て投資で融資を受けるには準備と説得力のある事業計画が必要です。それによって金融機関を納得させることが第一歩となります。

税制優遇措置の終了後も安定したキャッシュフローを確保できるかどうかも重視され、とくに築古物件やRC物件ではこうした将来の資金繰りシミュレーションが重要となる。

戸建て賃貸に融資してくれる金融機関は?

金融機関には都市銀行(都銀)、地方銀行(地銀)、信用金庫(信金)、信用組合(信組)、日本政策金融公庫(公庫)、ノンバンクなどがあり、それぞれ特徴があります。ここでは各金融機関の戸建て投資に対する融資スタンスを説明します。

都市銀行、

都銀は全国展開しているので対応は全国です。東京に住んでいる人が札幌の物件を購入するような場合でも融資してもらえます。

そして**都銀は金利が低い**です。それと同時に**ハードルがとても高い**です。

相当にハイレベルな属性で潤沢な資産を持つような人でなければ無理です。はっきりいって年収1000万円くらいではまったく相手にされないでしょう。まして単価が低い築古物件で融資を受けるのは100%不可能です。

事業計画書

金融機関に提出する融資審査用の書類で、投資の目的や戦略、収益計画を明確に示すもの。不動産投資における事業計画では、物件の資産価値、収支計算やキャッシュフローの予測、需要見込みだけでなく、物件の管理方法や運営体制、リスク管理についても詳細に説明する必要がある。金融機関はこの計画をもとに返済能力や投資の成功可能性を評価する。事業計画は空室リスクや修繕費用、税制の変化など将来的な要因を考慮し、現実的で堅実なシナリオを描くことが求められる。また、減価償却費や↗

地方銀行

地銀は都銀と違って営業エリアの制限があります。基本的に、その地銀の支店があるエリアが融資対象になります。地元に密着している地銀なら戸建て投資にお金を出してくれるのでは、という気になりますが、私が知る限り**戸建て投資家で地銀から融資を受けている話はほぼ聞きません。**以前、融資が緩かった時期があり、そのタイミングで融資を受けている人もいましたが、いまは厳しくなっています。

信用金庫、信用組合

信金・信組は戸建て投資に融資してくれる可能性があります。いま私がメインで融資を受けているのは信金・信組です。

信金・信組の担当者さんは地銀の担当者さんよりもお堅くないというかフレンドリーな印象を受けます。もちろん地銀の担当者も親身に相談に乗ってくれるのですが、より距離が近いイメージです。

以前、信組の担当者さんが私のユーチューブチャンネルの視聴者で、それをきっかけにかなり親しくなることができた、なんてことがありました。バッチリ融資も出してもらうことができて、「ユーチューブをやっててよかった～」と悦に入ったりしていました。

一方で信金・信組は営業エリアの制限が厳しいです。**自分の住んでいる場所（法人なら法人の本店所在地）が信金・信組の営業エリア内になければいけませんし、購入する物件**

も同じく営業エリア内でなければいけません。

信金・信組から新規で融資を引き出すには、信用保証協会付き融資を打診するのがおすすめです。金融機関が事業者に融資すると、その金融機関が１００％貸し倒れリスクを負うことになりますが、信用保証協会付き融資だと信用保証協会という公的機関がリスクを肩代わりしてくれるので金融機関は審査の基準を下げることができます。新規で融資を受けるときが一番ハードルが高くなるので、最初は信用保証協会付きで打診するとよいでしょう。

日本政策金融公庫

日本政策金融公庫、略して公庫は都銀と同じく全国に支店があるので融資対象エリアは全国です。

公庫は１００％政府出資の金融機関で、中小零細企業の応援を最大の使命としています。戸建て投資にも融資してくれる金融機関で、私も多くの融資を公庫から受けてきました。**しかし状況が変わりました。**２０１８年に露見した**スルガショック**の影響もあり、公庫は以前ほど不動産賃貸業の融資に積極的でなくなっています。

もっとも、それも一律というわけではなく支店や担当者によって温度差があるようで、投資家によっては満額融資が出るケースもあれば、けんもほろろで完全否認されてしまうケースもあります。ですので打診してみなければわからない、というのが公庫の状況だと

スルガショック

スルガ銀行（静岡県に本店を置く地銀）による不正融資問題を発端に不動産投資市場に広がった金融ショック。投資家向けにアパートローンを提供する際に、スルガ銀行で審査資料の改ざんや不正な融資手法が取られていたことが発覚。これにより金融機関の不動産投資への融資基準が一気に厳格化され、市場全体に大きな影響を及ぼした。スルガショック以降、とくに高額融資を受ける投資家に対して金融機関はより慎重な姿勢を取るようになり審査基準が強化された。

思います。

もう1つ私の印象では、公庫は以前よりも副業規定に厳しくなっています。かつて私が融資してもらっていたころは副業規定に関する確認などは一切ありませんでしたが、いまは職場に確認の電話が入ったり、副業許可の証明書を提出するように求められることもあるそうです。副業禁止の会社にお勤めの方や公務員の方にとって公庫の融資は以前より難しくなっているといっていいと思います。

ノンバンク

ノンバンクも戸建て投資に融資をしてくれる金融機関です。ただし、ノンバンクの融資は基本的に物件の担保評価に応じたものです。担保評価が低い田舎の築古物件だと融資対象にならないことが多いです。また、融資金額の制限もあって300万円くらいの少額では融資してもらえないケースもあります。

ノンバンクの最大の特徴は金利が高いこと。だいたい3〜4%の利息を取られることが多いはずです。その代わり**築古物件でも20年など長い融資期間で取り組んでもらえるのでキャッシュフローを出しやすい面があります。**


上は利益が増えているにもかかわらず手持ちの現金がどんどんなくなっていく現象が発生する。このときに現金が枯渇してしまい、返済がとどこおったり税金を払えなくなってしまえばアウト。築古戸建てでも安心してはいけない。減価償却期間が終われば所得税額が一気に上がるので、その部分も計算に入れて賃貸経営していかなければいけない。手持ちの現金をしっかり温存しておくことが非常に重要。

格安戸建て物件を、融資を使って買う理由

融資を引くことのメリットについてお話しします。もちろん全額キャッシュで購入してもかまわないのですが、私は次の3つの理由から**融資を組み合わせて自己資金にゆとりを持たせるようにしています。**

理由1　自己資金の枯渇は恐ろしいから

破産は、自己資金が尽きて返済などがとどこおることで起こります。**黒字倒産**という言葉を聞いたことがあるはずです。不動産投資で利益が出ている・出ていないは関係ありません。

戸建て賃貸の場合は予期せぬ出費が発生したとしてもたかが知れていますが、事故や病気に見舞われて思わぬ出費が生じたり、本業の収入が突然途絶えてしまうようなこともないわけではありません。逆にそのような不慮の事態に陥ってしまった場合でも自己資金にゆとりがある限り破産することはありません。

黒字倒産
利益が出ていても手持ちの現金がなくなり、税金支払いやローン返済ができなくなって倒産してしまうこと。築古戸建ては借入額がそこまで大きくならないので黒字倒産の心配は少ないが、RCの場合は物件価格が高額なため借入額が大きくなり、黒字倒産の危険性が高くなる。これは、最初のうちは減価償却費を使えるので不動産所得が減り、税金が少なくて済むが、減価償却期間が終わってしまうと所得が増えて多額の所得税がかかってくるため。ローンの支払いは続いているので、所得が増えて帳簿↗

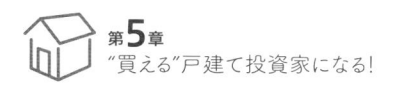

理由2　よい出物が出たときにすぐに対応したいから

自己資金がなければよい物件にめぐり会えたとしても手が出せません。これは！　という物件はめったに出てくるものではありませんから、**常に買える状態を整えておくことは大切**です。相続絡みなど売り急ぎで破格の値が付いている物件は悠長に融資を引いてくることを許してくれませんので。

理由3　投資規模の拡大を促進したいから

全額キャッシュで買い続けた場合には投資規模を拡大するのにかなりの時間がかかってしまいます。**戸建て賃貸は1戸ずつ購入していくので、ただでさえ投資規模の拡大に時間がかかります。**

私が1戸目の物件を所有したのは2012年。そのときの所持金は300万円ほどでした。それから約3年後の2015年には7戸の戸建てを所有していました。キャッシュだけで買っていれば、せいぜい3年で3戸が限度だったと思います。いまはようやく手元のキャッシュが潤沢になってきたので現金で購入することも増えましたが、キャッシュ一辺倒にはしておらず同時にメインバンクの信金・信組から融資を受けています。

自己資金がなければ都会物件から始めればいい

不動産投資には一定の自己資金が必須です。率直にいって単価が低い地方戸建て投資でも、少なくとも300万円程度はキャッシュがないと無理です。

自己資金が少ない人ほど安い田舎の戸建て物件を買おうと考えるのですが、それは間違いです。

手持ち資金が300万円であったなら融資を利用しなければ始まりません。たしかに地方には300万円程度の物件がありますが、仲介手数料や登記費用がかかりますし、築古物件はリフォームがマストです。自己資金300万円では足りません。

そして地方の戸建ては融資が出にくいという問題があります。先ほど「価格が安く利回りが高い地方戸建ては土地の担保評価が低くなるのでとくに融資が出にくい」と書きました。銀行は物件を担保に取って、その担保評価に応じた金額を融資します。地方戸建てのように担保価値がない物件には融資を出しません。

また、相続税路線価や評価証明書などで高い評価が出ている物件でも、田舎の物件だと銀行の営業エリア外で担保に取ってもらえないこともあります。以前は日本政策金融公庫が地方の安い物件にも融資してくれていましたが、いまは以前ほど不動産賃貸業の融資に積極的ではありません。

ですので、自己資金が少ない人は融資利用が必須なのですが、地方戸建ては融資が出にくいというジレンマがあります。それを解消するために、**自己資金が少ない人はむしろ融資が出やすい都市部の物件をターゲットにすべき**です。**都市部の物件であれば築年数が古く建物の担保評価が出なかったとしても土地の担保評価が出るので融資を引き出せます。**

そして将来売却しやすいのは田舎の物件ではなく都市部の物件のほうです。地方戸建て物件は融資を使って買いにくいというのは、それは次の買い手にとっても同じだからです。また、地方は人口減少問題が顕著なので「本当に賃貸の客付けができるのか」という心理的な障壁が強くありますが、都市部であればそれも緩和されます。買い手も入居者も地方に比べて多いのが都市部です。

これから始めようという人で自己資金が乏しい場合には、じつは都市部寄りの資産性がある戸建てのほうが取り組みやすいのです。

保険代理店にインタビュー

不動産投資にも精通した火災保険のプロ・内藤達也さん

物件を買えたあとに戸建て投資家がやるべきことの1つが火災保険に加入すること。不動産投資と火災保険は切っても切れない関係にあります。保険コンサルティングを手がける株式会社ニュータス勤務の内藤達也さんは、不動産投資家を中心に火災保険を販売しています。事故対応の経験が豊富で契約後のサポートを強みにしている火災保険の専門家（年間火災保険販売件数500件、年間損害保険新規売上1億円）で、不動産投資の知識も豊富な方です。

火災保険業界はここ10年赤字が続いています。その対策として保険料が年々10%ほど上がっており、今後も値上げが予定されているといわれています。ちなみに私たち代理店に支払われる報酬も削減されています。

不動産投資にも影響が出ていますよね。

とくに木造の築40年以上の物件に制限がかかり始めています。保険加入に事前審査が必要とされるケースが増えているので、木造の築古物件を購入する際は注意が必要です。

築古木造物件の保険料はとくに値上

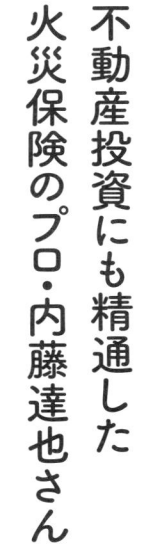

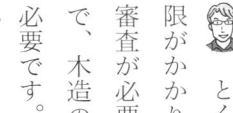

がりしていますし、最近は築古物件では火災保険に加入できないといった話も聞きます。

東京海上日動や損保ジャパンといった大手保険会社が築古物件に対する火災保険の加入制限を発表しました。補償内容の制限のほか、場合によっては契約を断ることもあります。これは築年数が古い物件は築浅に比べると事故発生率が高く、赤字の1つの原因になっているからです。

そのような状況下で保険請求をスムーズに行うにはどうすればいいのでしょう。

物件購入時に物件の状態を写真に記録して保存しておくことが非常に大切です。近年保険金の不正請求が増えている関係で、保険請求する際にエビデンスが求められるようになってきています。

物件購入後やリフォーム後の外観の写真記録は重要ですね。まだ被害を受ける前の写真をしっかり残して、被害にあったときにそれを証明できるようにしておかないといけません。

保険会社の厳格な対応を不動産投資家はどのように考えればいいでしょうか。

保険の有効な利用方法をしっかりと理解し、それに合わせて必要な対策を取ることが重要です。たとえば、どの保険プランが最適か、どうやって認定を受けるのかといったことですね。

では戸建て投資におすすめの保険プランはありますか。

基本的にはフルカバーがおすすめで

す。戸建てはマンションと比べるとさまざまなリスクが高まるので、できるだけ多くの補償を受けるべきです。

戸建て投資10年以上の経験からいうと、もっとも多い被害は破損・汚損と風災でした。私はこれらのリスクは必ず保険でカバーするべきだと考えます。とくに破損・汚損は普通の保険プランでは入っていないことが多いので必ず確認すべきです。

たしかに、それは重要です。あと水害補償は地域によっては不要な場合があります。水害補償を外すことができれば保険料を下げられます。ハザードマップの確認がおすすめです。それと火災保険は各社で保険料率（保険金額に対する保険料の割合）が一定ですが、補償内容で差が出ます。ですから価格だけで選ばないようにしてほしいです。

私は保険の内容は大手保険会社ならそこまで差はないと思っています。むしろ差が出るのは代理店で、保険に関していろいろと相談できる保険代理店を見つけることが重要と思います。

そのとおりです。火災保険に関する保険代理店の役割は非常に大きいです。なかには保険会社から報酬を多く得るために、わざと事故請求を少なくしようとする代理店もあります。信頼できてしっかりサポートしてくれる代理店を選ぶことは投資にも影響すると思います。

同感です。信頼できる代理店を選べるかどうかは投資のパフォーマンスに直結することですね。

火災保険のオプションや特約についておすすめがあれば教えてください。

特約でおすすめは施設賠償責任保険です。これは配管の漏水や雨漏りなどによる第三者への被害をカバーします。また人が関わるトラブル――たとえば床が抜けて足を骨折したなどの事故にも対応しています。人がケガをしたときの慰謝料は、場合によっては1億円以上にのぼることもあります。年間1000円くらいの保険料でカバーできますので加入を強くおすすめします。

その金額であれば加入する価値は十分ありますね。

ほかには家主費用特約という孤独死発生時の補償もおすすめです。戸建て物件はファミリー世帯の入居が多いと思いますが、単身で入居という場合もあるでしょう。単身世帯で死亡事故が発生すると、ただの修繕では済みません。床などの損害はもちろん、建物全体に異臭が残るためクロスをすべて貼り換えて脱臭するなどが必要になります。場合によっては特殊清掃を行う業者に依頼しなければならなくなることもあるでしょう。また、過去には身寄りがない方の遺品整理費用や火葬・葬祭費用などを大家が負担したケースもありました。そうなると相当な出費になってしまいます。高齢者に限らず50代、60代でも死亡事故は発生していますので要注意です。

私も賃貸の管理会社から孤独死の事例が増えていると聞いています。入居しているのが独居高齢者でなかったとしても家主費用特約は検討したほうがよさそうですね。

最後に、事故時諸費用補償特約（臨時費用補償特約）もおすすめです。この特約は損害保険金が支払われるべき場合に、その金額の10％など設定された額が給付されるものです。保険請求時に満額認定されると、請求した額よりも多く保険金給付を受けられます。その使用用途も自由ですので非常に使い勝手のいい特約です。

そしてとくに強調したいのが損害保険金が減額認定されてしまったときです。たとえば屋根に損害が出て２００万円の修理費が必要になったものの、もともと経年劣化していた部分もあり、保険会社が30万円減額して１７０万円の認定となるようなことがあります。手出し30万円は大きな痛手になりますが、この特約が10％でも付いていれば１７０万円の10％、17万円が追加でもらえます。合計１８７万円になり、手出しは13万円とかなり差が出ます。なかには給付割合を20％にできる保険会社もありますので、大家さんはできるだけ高い割合に設定することをおすすめしたいです。

すでに不動産投資をやっていても、そこまで知っている人はおそらく多くないですね。有益なお話をありがとうございました。

内藤達也さん

連絡先

t-naito@newtus.com

ご連絡の際は「戸建て投資の本を見た」とお伝えください。

第6章

戸建て物件を生かすも殺すもあなた次第

リフォーム業者とのおつき合いを始める

晴れて物件が自分のものになっても、空室期間中は1銭も入ってきません。空室はお金を垂れ流しているようなものですから、できるだけスピーディに客付けに動かなければいけません。そこでさっそくリフォームにとりかかるわけですが、**リフォームの第一歩となるのは複数の業者から相見積もりをとること**です。リフォーム業者が提示する価格は同一案件でもバラバラですし、比較してみると一見してボッタクリ価格とわかる業者もあります。

以前、簡単なリフォームを管理会社経由で発注したとき、その値段の高さにビックリさせられたことがあります。その原因はバックマージン。管理会社経由でリフォームを発注する場合、管理会社にリフォーム業者からバックマージンが入ることがあるのです。

バックマージンとは紹介料みたいなもので、リフォーム業者が管理会社に支払います。お客である大家が支払う料金にその分が上乗せされるのでトータルの金額が高くなってしまうのです。テレビのアンテナ工事で8万円を提示されたことがありますが、知り合いの業者に頼んだら1万円くらいで済みました。

信頼できるリフォーム業者の特徴（一例）

アフターサービスや保証の仕組みがある

地元客やリピーターが多い

施工写真を豊富に持っている

見積書の詳細が説明される

はじめてリフォーム業者に発注をかけるとき一番安全なのは、知り合いから紹介を受けた業者にお願いすることです。知り合いからの紹介であれば業者の実績や信頼性がある程度保証されているのではじめての取引でも安心感があります。紹介なら業者との距離感も近くなるため、料金面でのサービスや追加の要望に柔軟に対応してくれるなどの可能性もアップします。

リフォームは工事進行中のコミュニケーションがとくに重要です。お互いに顔が見えていて信頼関係を築けている業者に依頼することでトラブルは少なくなりますし、不具合対応などのアフターサービスにも迅速に対応してもらえることが期待できます。

築古の戸建てにピッタリの低コストリフォーム

戸建て物件はＲＣマンションやアパートの区分1室と比べるとボリュームがあるため、リフォームにこりだすとキリがありません。リフォームするかどうかの判断基準はやはり「費用対効果が高いかどうか」です。ここでは、とくに費用対効果が高いおすすめを３つご紹介します。

壁や天井をアクセントクロスで演出する

費用対効果がとてもいいリフォームの1つがアクセントクロスです。アクセントクロスは、特定の壁を選んで柄物の壁紙を施工するもので、文字どおり柄がアクセントとなりオシャレ感がアップします。

柄物のクロスは一般的なクロスに比べると値段が高いのですが、一面に施工するだけですので、そこまで大きな面積にはなりません。コスパはとても良好です。またアクセントクロスは壁に施工することが多いのですが、そればかりでなく天井に入れることもできます。

壁の一部にアクセントクロスを貼ったところ。明るさと清潔感を出すために天井を白く塗装して、アクセントクロス以外の壁紙や床は白をチョイス。アクセントクロスは白と相性のよい木目柄にした。

天井にアクセントクロスを施すのは見た目のインパクトがあり写真映えも○。ただし、壁も天井も柄物のクロスにしてしまうとうるさくなりすぎるので注意。

襖にクロスを貼ってオシャレとコストを両立する

和室は何となく古臭いということで洋室化する大家さんがいますが、私は和室のままにしていることが多いです。コストがかからないことはもちろん、何より和室のままでも十分カッコいいから無理やり洋室化しようとは思わないのです。

カッコいい和室のポイントは襖紙《ふすまがみ》です。襖紙がダサい和室は映えません。ただし、オシャレな襖紙はけっこう値が張ります。私は以前、ルノン株式会社の「凛」という和モダンな襖紙をよく使っていました。とてもイケてる分、値段は1枚で数千円です。

そこで、コスパを重視したいときは**和柄のクロスを襖に貼る**ようにしています。オシャレな和柄のクロスは銘柄がいっぱいあって、どれも高級感があります。和柄のクロスを襖に貼っても違和感はまったくないと思います。

施工費用は業者によって異なりますが、私は1枚1500円でやってもらっています。コストは従来の3分の1以下になりました。

ただし、これはどのリフォーム業者さんでもやってくれるわけではありません。もし依頼するなら多能工の職人さんがいいでしょう。私は、私が運営する不動産投資のコミュニティに在籍する多能工の職人さんにお願いしています。

襖にクロスを貼ることもできる。和柄でオシャレなクロスは多い。襖紙を貼るよりもコストを抑えられるが、リフォーム業者によっては対応してもらえないこともある。

シート貼りでお風呂修繕のコストを圧縮する

「水回りは賃貸が決まるか決まらないかを左右する」と101ページで書きました。水回りの清潔感は戸建てのリフォームで最重要といって差しつかえありません。水回りに清潔感がない物件はファミリーのなかで決定権がある女性が敬遠します。経験上、水回りが汚い物件は絶対といっていいくらい客付けできません。

水回りの代表、お風呂のリフォームはお金がかかります。在来工法のお風呂をユニットバスに交換するとなると70～80万円くらいかかる可能性があります。費用対効果の面から私はユニットバスへの交換はほとんどやりません。代わりに**在来工法のお風呂は床がタイル張りのことが多いので、そこにバスシートを施工します。**そうすることで見映えはかなりよくなります。

また、**壁のタイルが汚れているなら写真のようにアルミ複合板を張るとがらりと雰囲気が変わります。**もちろんタイルを塗装してもいいのですが、タイルの塗装ははがれやすく、はがれてしまうと清潔感どころではなくなってしまいます。もしタイル塗装をするならDIYではなくプロに任せるのが安全だと思います。

リフォーム前

リフォーム後

銀色のステンレス浴槽はどうしても古臭さが漂い人気がないが、交換は値が張る。ほかをキレイにすることでそのまま活用できる。写真は床にバスシートを施工して壁にアルミ複合板を張ったもの。これで見映えはかなりよくなる

DIY、やったほうがいい？手を出さないほうがいい？

不動産投資とリフォームというと、DIYをするのかしないのかは必ず出てくる論点です。結論からいうと、私はほとんどDIYをやりません。駆け出しのころは手を出していたこともあるのですが、いまはほぼやりません。

多くの戸建て投資家がDIYに挑戦していますから意外に思われることも多いです。私がDIYをやらない理由は主に4つあります。

理由1　逆にお金がかかるから

DIYなら安く仕上げることができると思いがちですが、**実際はそうとも限りません。**

DIYをするには道具を揃える必要があります。カッター、スケール、ドライバー……とくに電動工具は高価で、インパクトドライバーなどは有名メーカーのものなら数万円はします。工具を揃えるのにもそれなりの初期費用がかかるわけです。

そして**DIYで一番の金食い虫になるのがDIYで失敗したとき**です。

初心者がDIYをやるとだいたい失敗します。DIYに失敗すると素人ではリカバリーが効かないので、結局職人さんにお願いすることになります。DIYのコストとプロに依頼したコストで二重のコストがかかります。

よほど器用な人を除いて素人がDIYでキレイに仕上げるのは難しいと思います。私など不器用なので、つい最近も傷んでいた網戸を「これくらいは自分で張り替えよう」とやってみたのですが、それすらも思うようにできなくて、結局多能工さんに直してもらうはめになりました。

理由2　入居後の修繕で困るから

DIYをやっている人からよく聞くのが、**「入居後にちょっとした修繕依頼が来たときに困る」**という話です。

リフォームを業者に依頼しているなら、細かな修繕依頼が来ても担当者に電話1本入れればそれで対応してもらえることがほとんどです。しかし、**DIYだと細かな修繕依頼が来れば自分で修繕しに行くか対応できる業者を探して依頼しなければいけません。**

専業不動産投資家ならどうということはないかもしれませんが、兼業でやっている人にとってはけっこうな負担になるはずです。

理由3　工期が長くなるから

ＤＩＹは期間が長くなります。これは業者に依頼するよりも圧倒的に長くなります。業者に依頼するなら戸建ての工期は1～2カ月くらいのことが多いと思いますが、ＤＩＹだと気がついたら半年、場合によっては1年かかってしまったということもザラにあるはずです。

業者に依頼するほうが圧倒的に工期が短く、早く賃貸に出せます。リフォーム業者に依頼する分のコストをＤＩＹで浮かせたとしても、**工期が長引くと、その期間分の賃料を失っていることになります。** 賃料6万円の物件で工期の差が半年あれば36万円、1年なら72万円です。かなりの金額になるわけですから、いたずらに工期が延びてしまうようなら業者に任せたほうがトータルで見た物件の収支はよくなることが多いと思います。

理由4　自分の時給を考えるから

ＤＩＹは自分の労働力を投入します。**「自分の労働力だから別にいいでしょ」と安く考えてはいけないと思います。** あなたの時間はこの上なく貴重です。兼業でやっている人ならなおさらです。

ＤＩＹは自分の労働力も加味しなければいけません。そうすると物件の収支はさらに悪くなります。SNSで「DIYで仕上げて利回り60%」のような投稿を見かけることがありますが、自分の労働力や長い工期による機会損失が織り込まれているでしょうか。鵜呑みにしないほうがよいと思います。

楽しみながら勉強できるDIY会

私がDIYをやらない理由を述べましたが、DIYを全否定するつもりはありません。むしろDIYをおすすめすることもあります。

手先が器用で日曜大工を趣味にしている人っていますよね。そういう人ならDIYはかけがえのない時間になるでしょう。目いっぱい楽しみながらコストダウンもできるとなれば、そんなにいいことはありません。ぜひガンガンDIYに挑戦してください。

もう1つは、**大家さん同士が集まって一緒にDIYに取り組む「DIY会」**です。DIYは1人でやると工期が長くなりがちですが、DIY会では参加者が役割分担をしてみんなで作業を進めるので1人でやるよりもずっと効率的です。

そして**DIY会の最大の魅力は、その楽しさ**です。DIYを1人で続けていると、モチベーションが落ちたり途中で投げ出したくなることもありますが、同じ志を持つ仲間と一緒に作業を進めることで自然と気持ちが高まり、やる気も維持しやすくなります。

リフォームをみんなで協力して進めることは、ほかの大家さんとの関係性を深め、横のつながりを築く絶好の機会になります。投資家同士が時間を共有することでリフォームや修繕のアイデアを共有できます。そして関係性を深めることは、ほかの大家さんからのアドバイスや協力を得られる可能性となりますから長期的に見ても非常に有益です。

「自分は初心者だから先輩大家さんのなかに入っていくのはちょっと……」と気後れすることはありません。私が運営している不動産投資のコミュニティでもＤＩＹ会をやっていますが、初心者の人も（初心者の人ほど）歓迎されていますよ。

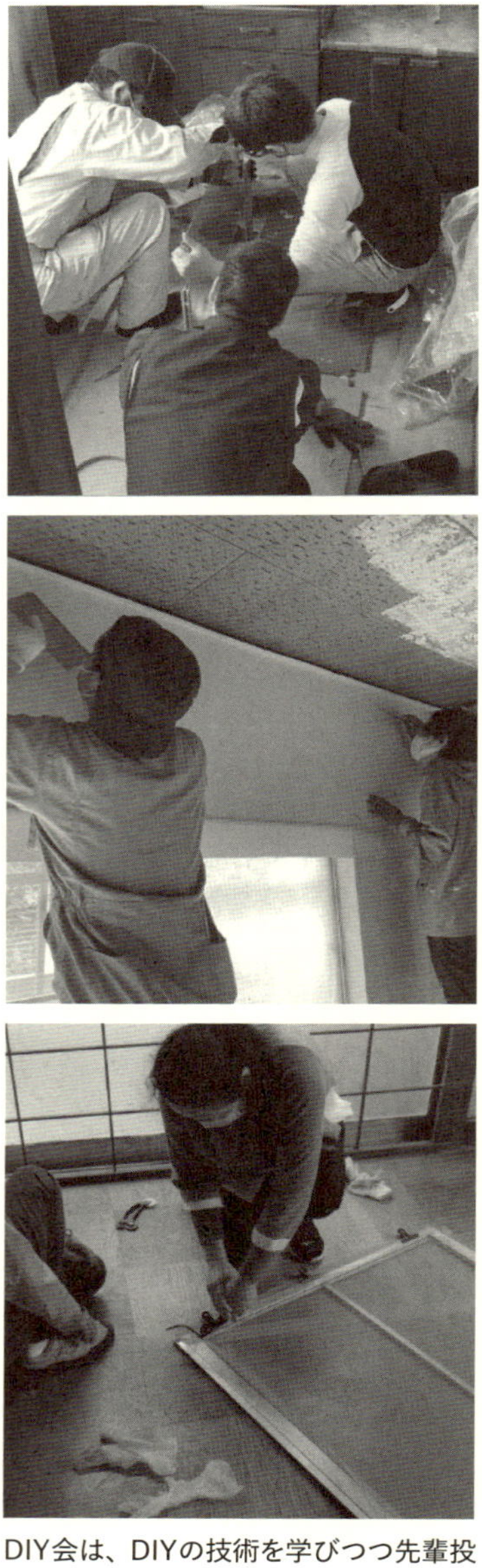

DIY会は、DIYの技術を学びつつ先輩投資家と交流できるよい機会。何よりみんなでDIYをやると楽しい！

リフォームコストを抑えることの大切さがアップしている

インフレの影響で部材費が上がりリフォームコストも上昇傾向にあります。収益を上げるためにはリフォームコストを抑えるノウハウがいままで以上に重要になっています。これまで私が行って効果を実感しているノウハウについて説明します。

自分で調達する「施主支給」

施主支給とは、不動産オーナーがリフォームの部材を用意してそれを使って施工してもらう方法です。ネットショップ、Yahoo!オークション、メルカリなどを覗くと安い部材が見つかります。**ウォシュレットやテレビモニターフォンなどは顕著で、検索すれば安い商品がたくさん見つかります。**

部材を自分で手配すれば確実にリフォームコストを抑えられるわけですが、これを頻繁にやろうとするとリフォーム業者さんに嫌がられてしまいます。リフォーム業者は部材にも利益を乗せているので、その分を取れなくなってしまうからです。**リフォーム業者との**

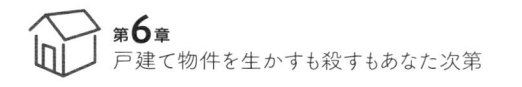

関係を考えるなら、やりすぎるのはよくありません。リフォーム業者に施主支給するよりも、後述する分離発注や多能工の職人さんを活用する際に、自分で手配した部材を施工してもらうのがよいでしょう。

中間マージンをかわす「分離発注」

分離発注とは、大工さん、クロス屋さん、畳屋さんなど、それぞれの職人さんを自分で手配してリフォームコストを抑える方法です。

リフォーム業者に依頼する場合、リフォーム業者がそれぞれの職人を手配し取りまとめて工事をスケジューリングしていきます。間にリフォーム業者が入っているわけですから、その取り分として中間マージンが発生します。分離発注であれば職人を直接手配するのでマージンが発生せず、コストを削減できるというわけです。

ただし**分離発注は、これから不動産投資を始める人がいきなりやろうとするのは難易度が高い**と思います。職人さんとひと口にいっても大工さん、クロス屋さん、畳屋さん、電気屋さん、塗装屋さん……それ以外にもたくさんの役割があります。分離発注はすべて自分で手配しなければいけません。まだコネクションが乏しい人にとって一から何人もの職人さんを探して依頼していくのは大変な作業になります。

職人さんを手配できたらそれで終わりではありません。**リフォームには順番があります**。

タイミングで入れるように調整する必要がある。

工事の順番を間違ってしまうとリフォームはうまくいきません。また、リフォームは工期が予定どおりとならないこともしばしばあります。そのたびにそれぞれの職人さんに連絡してスケジュールを組み直さなければいけません。やはりハードルが高いです。

ですので、**これから始める人が分離発注する場合はすべての工事を分離発注しようとしないほうがよい**でしょう。たとえば畳の表替えだけを分離して畳屋さんに発注する、洗面化粧台は自分で手配して設備屋さんに設置してもらうなど、はじめのうちは部分的に取り入れていくことをおすすめします。

手間もコストも省ける「多能工」の活用

私は、リフォームコストを抑える最良の方法は多能工の活用と考えています。多能工は、1人でいろいろな作業ができる職人さんのことです。クロスならクロス職人さん、大工工事なら大工さん、電気工事なら電気屋さんのように工事ごとに別々の職人さんに発注しなければいけないところを、多能工の職人さんなら1人で済みます。多能工なら何でもできるというわけではありませんが、たとえば内装工事なら全般を請け負えるといった多能工の職人さんがいます。

多能工の職人さんなら発注がラクです。そして**コストが安い**です。リフォーム業者に発注すれば中間マージンが発生しますが、**多能工であればありません**。分離発注で各工事を

リフォームには順番がある

リフォーム工事では、各作業を行う職人が順番に入る必要があり、工事の進行はその順序に大きく左右される。たとえば電気工事が終わっていないのに壁紙を貼ってしまうと、再度はがしてやり直す必要が生じるなど手戻りが発生することがある。職人ごとの工程は密接に連携しているため、工事の順番が狂ってしまうと全体の進行がとどこおり、スケジュールが大幅に遅れる原因となる。円滑に進めるためには、解体、配管、電気工事、内装といった段階的な作業の流れを守り、それぞれの職人が適切な↗

各職人さんに発注すれば、それぞれの工事ごとに人工代《にんくだい》という職人さんの人件費が発生しますが、**多能工なら複数の工事を流れ作業でやってもらえるので人工代を抑えられます。**

もちろん、多能工もメリットばかりではありません。まず、すべての工事ができるような職人さんはいないということ。たとえば外壁塗装をしようとなったとき、多能工の職人さんで外壁塗装までできるような人はいませんし、重機を使った駐車場造成工事に対応できるような人もいません。基本的に多能工の職人さんは内装工事のみに対応していることが多いです。

そして多能工の職人さんはいろいろな作業ができる分（反面）、1つひとつの作業でいえば専門の職人さんよりもクオリティが落ちてしまう面はあると思います。私は普段おつき合いしている多能工の職人さんの仕上がりで満足していますが、やはりその道一本のプロと比較すると劣る部分があるかもしれません。

最後に、多能工の職人さんは見つけづらいです。ネットで検索してもまずヒットしないでしょう。**そもそも多能工の職人さんは少ない**のです。自力で探し出すのは難しいので、彼らとコネクションをつくるには投資家仲間などからの紹介に頼る必要があると思います。ちょっと宣伝っぽくなりますが、私が運営するコミュニティには多能工の職人さんが複数在籍していまして、コミュニティメンバーに多能工の職人さんを紹介させてもらっています。

費用はかかるが外壁塗装はバリューが高い

私は、ここ数年購入した物件の多くで外壁塗装を行っています。外壁塗装はもっともお金がかかる修繕ですので、外壁塗装をするかどうかは戸建て投資家の間で意見が分かれます。ここではなぜ私が外壁塗装をやる派なのか、その理由を説明します。

見映えだけじゃない外壁塗装のメリット

まず外壁塗装のメリットとして挙げられるのは見映えが圧倒的によくなる点です。179ページの塗装前と塗装後の写真を見てもらえば一目瞭然でしょう。

見映えががらりと変わるとともに、外壁塗装には建物の保護作用もあります。塗装による塗膜は建物を守るバリヤーの役割を果たします。浸水を防いでくれることはもちろん、紫外線やカビなどからも建物を守ってくれます。**外壁塗装をすることで建物の寿命が延び、かつ建物を若々しく保つことができます。**

不動産投資は買ってすぐに売却するものではありません。物件を5年、10年と保有し続けるケースもあるはずです。物件保有期間が延びるほど、外壁塗装をしているのとしていないのとで建物のコンディションに大きな差が出ます。それは物件価値に大きな差が出てしまうことイコールです。

コストをかけるだけの価値は十分にある

外壁塗装をすることで生まれるメリットは強力なのですが、その分施工費用がかかります。戸建て物件でも外壁塗装の費用は70〜80万円、高いと100万円以上かかります。

コストがかかりすぎるという理由で外壁塗装をしない人は多いです。外壁塗装をせずに外観が汚くても、内装がキレイであれば賃貸の客付けはできるという考え方ですね。

それも一理あるのですが、私の経験からいうと**内装もキレイで外観もキレイであれば客付けはさらにしやすくなると断言できます**。写真くらいの見た目の違いがあるのだったら多少賃料が高くても外観のキレイな物件を選びたくなるのが人情ではないでしょうか。

売却するときにも同じことがいえます。**外壁塗装されている物件のほうが売りやすく、また高く売れます**。これは実需でもオーナーチェンジでも同じです。

「オーナーチェンジは買主が投資家だから実際に自分が住むわけじゃない。あまり関係ないのでは？」と思われるかもしれませんが、実際のところはオーナーチェンジで投資家が購入する場合でもカッチリ外壁塗装してあるほうが売れやすいですし、多少利回りが下が

外壁塗装前

もとはかなりくたびれた外観。
外壁の色は白に近いベージュだった。

外壁塗装後

外壁塗装で新築のような見た目に。外壁の色は落ち着きとモダンさがあるネイビーをチョイス。
建物の保全にもなる外壁塗装は、かけたコストに見合うだけの価値がある費用対効果の高いリフォーム。

っても（物件価格が高くなっても）売れます。やはり外壁塗装されていることで**「ちゃんとメンテナンスされている物件だな」**という安心感が生まれるのでしょう。

外壁塗装の費用はたしかに高いのですが、家賃や売却価格を高めに設定できることを考えると外壁塗装のために投じた費用は十分回収できます。そして外壁塗装は建物の寿命を延ばし若々しく保ってくれますから、**その効果も加味したら断然プラス**というのが私の考えです。

また、平屋の物件だったら外壁塗装費用は安くなります。私は以前、屋根と外壁とを合わせて40万円でやってもらったことがあります（費用は業者によって異なります）。平屋は足場のコストがかからない、もしくはかかっても知れていることが大きいです。

最後に1つ付け加えると、外壁塗装はうまくやると節税になります。私は法人を設立して不動産賃貸業をしていますが、同じ法人で不動産以外の事業も行っています。ほかの事業で利益が大きく出たときに複数の戸建て物件で外壁塗装を行って経費を計上することで利益を圧縮、うまい具合に節税できています。

外壁塗装は、物件購入時に行った場合は資産計上することが一般的です。その場合は**建物の減価償却期間で経費計上**していきます。一方、**すでに保有している物件で物件保全のために行う外壁塗装であれば修繕費として一括経費計上することができます。**一度にまとめて計上できるわけですから経費が大きくなって圧縮できる利益の額も大きくなり、節税効果がアップします。

建物の減価償却期間で経費計上

物件購入時に行った大規模な外壁塗装や屋根の修繕などの工事は、修繕費として一度に経費計上するのではなく資産として計上され、建物の減価償却期間に応じて分割して経費計上される。減価償却は、固定資産の購入や改修などにかかった費用を、法定耐用年数に基づき一定期間にわたって経費として分割して計上すること。これにより購入当初の一時的な大きな支出を避け、長期間にわたり安定的に費用を分配することができる。

リフォーム会社にインタビュー

リフォーム会社社長と不動産投資家、2つの顔を持つ柳田将禎さん

株式会社ピカいちは千葉県内で手広くリフォーム対応をしている会社です。柳田将禎さんはその経営者であるとともに15年以上の経歴を持つベテラン不動産投資家でもあります。そんな柳田社長におすすめのリフォームや業者選びについてお話をうかがいました。

投資用の戸建て物件をリフォームするときに気をつけたほうがいいポイントを教えてください。

戸建てのリフォームはやれるところが多くあります。あらかじめ予算を決めることはもちろん、コンセプトも決めて効率的にやるべきと思います。

コスパを意識するということですか。

コスパも重要ですが、物件が所在する地域のニーズや賃料相場に合わせてリフォームの方向性、つまりコンセプトを決めることがより大切です。

田舎ではもともとの賃料相場が低いので、いたずらに高額リフォームをしても賃料に反映されにくい面があります。

田舎の場合はそのとおりです。都会

では賃貸ニーズが高いので、リフォームにコストをかけることによって賃料が大きく上がるケースもあります。

リフォームにコストをかけることによって、より高い賃料を得て投資効率が上昇する可能性もある、と。そしてどの程度コストを割くかはエリアによっても変わるということですね。

おすすめの高コスパリフォームがあれば教えてください。

コスパを考慮するなら洗面化粧台交換とアクセントクロスです。

なぜ同じ水回りの設備でもキッチンやトイレではなく洗面化粧台なのでしょうか。

水回りは欲をいうと全部交換するのがベストですが、費用がかかりますから躊躇してしまいますよね。でも洗面化粧台なら10万円もあれば十分交換できますし、洗面台が替わると洗面所の雰囲気が変わります。また、壁の一面や天井にオシャレなクロスを入れるアクセントクロスも費用のわりにぐっとオシャレさが上がります。

お風呂やキッチンの交換となると高額になりますが、洗面化粧台の交換なら見映えがいいし単価もそこまで高くない、と。

お風呂はたしかに高いですね。洗面化粧台だったら手軽にリフォームできて、なおかつ全体の印象をよくできます。

インフレが進み材料費が上がっているので、リフォームコストは慎重に考えないといけません。

そのとおりです。以前と比べて部材費は本当に高くなっています。

業者選びに関してうかがいます。初心者の人が最初にリフォーム業者さんにアプローチするとき有効な方法があれば教えてください。

やはり最初は相見積もりで業者を比較検討することになると思います。そして業者選びの際は金額だけでなく、提案内容、納期、業者の財務状況などバックグラウンドも見たほうがいいと思います。

工務店の倒産が増えているそうですね。

そうです。ついこの間も、数十万円分の発注を請けていた業者が工事中に現場で事故を起こし、物件に多大な損害を与えてしまったものの保険に加入していなかったので弁済もできず、そのまま倒産してしまったという話を聞きました。会社の経営状況、保険に加入しているかどうか、そして可能であれば不動産投資の経験がある業者なのかも確認できるといいと思います。

不動産投資経験があるかどうかは、投資家目線でのリフォーム提案をしてもらえるかを確認するということですか。

やや手前味噌になりますが、投資家の視点を持っているリフォーム業者であれば、投資で効果的なリフォームのアドバイスもできると思っていますので。

そのようなアドバイスをもらえたら、とくに初心者大家さんにとってはメリットが大きいですね。

経験の浅い投資家さんがリフォーム業者を探すなら、信頼できる人から紹介してもらうのが一番安全だと思います。

私も同意見です。相見積もりで一番

安いところを選んでも、安かろう悪かろうでは仕方ありません。

価格交渉する投資家さんも多いと思います。業者さん側としては値引き交渉をしてくるお客さんをどう思いますか。

値引き交渉は短期的に見ればコストを抑えられますから有効な手段かもしれません。ただ、不動産ビジネスは不動産オーナーがリーダーです。リフォーム業者は従業員のようなものですね。何度も値引き交渉を繰り返していると、そこにはよくない雰囲気が生まれてしまうと思います。

事業経営者としてコストを考慮するのは当然ですが、毎回毎回値引き交渉をするのがよいこととは思えません。業者さんとの関係性をないがしろにしていいことなどありませんから。

ＤＩＹと業者発注を併用する投資家も多いと思います。注意点などありますか。

ＤＩＹと業者発注を併用する場合、それぞれの連携が難しくなります。そして不備が起きたときに責任の所在が曖昧になる可能性もあります。

たしかに責任範囲は不明瞭になってしまいますね。また、自ら現場監督のようになって職人さんと連絡を取りリフォームの段取りをするのは初心者の方には難易度が高いことかもしれません。

ＤＩＹと業者発注を併用する場合、責任は自分で持たなくてはなりません。この点はとくに注意が必要です。それとＤＩＹは費やす労働力とかかる期間を考慮すると、リフォーム業者に任せたほうがよいケースも多いと思います。

業者に発注すれば1カ月で終わる工事が、自分でやったら1年かかってしまったなんてことがありますね。

家賃収入を得る機会を逃すことになりますし、自分の時給も加味すると効率がよいこととはいえません。

最後に、リフォーム業者との正しいつき合い方について触れて締めたいと思います。私は、リフォーム業者さんとは長期的に関わるわけですから、良好な関係を築くことがもっとも大切だと思います。

不動産投資は一過性の利益だけを狙うものではありませんから、長期的な視野が必要だと思います。

不動産投資はこの先10年、人によっては20年、30年と続いていくものですから、ビジネスパートナーとしての信頼関係が欠かせません。相見積もりや値引き交渉は、業者から見たら嫌な行為ですよね。私はある程度つき合いがある業者に相見積もりをとったり、人から紹介してもらった業者に相見積もりをとるのは「安ければ別業者に依頼したい」といっているようなもので失礼な行為だと思います。

不動産投資家はリーダーですから、うまくチームをまとめられるかどうかは大切な資質の1つだと思います。

株式会社ピカいち

ホームページ
http://reform-pikaichi.com/

TEL 0475-47-3991

大切な物件を任せられる仲介業者の条件

リフォームが仕上がる前に行っておきたいことがあります。それは、客付けをしてくれる仲介業者を探すこと。私はいつも決まったところがあるので、ほとんどその仲介業者にお願いしているのですが、最初のうちはたくさんの業者を訪問することをおすすめします。私が考える仲介業者の条件は大きく3つあります。

条件1　たくさんのポータルサイトに物件を掲載してくれる業者

入居者はもっぱらネットで物件を物色していますから、**とくに利用者が多いアットホーム、ホームズ、スーモへの物件掲載は必須**です。

スーモはほかのポータルサイトに比べて掲載料金が割高で掲載していない業者も多いのですが、その分スーモに掲載してもらえればライバル物件との差別化要因になり、客付けしやすくなります。

条件2　ネットでの物件の見せ方を心得ている業者

ネットで物件検索していると、**「この業者さんの掲載の仕方うまいな！」**と膝を打つことがあります。たとえば、物件紹介ページのコメント欄を気の利いたふうに使っている業者。「敷金・礼金ゼロゼロ！　今月中にご契約の方にはフリーレント1カ月分！」などキャッチーなコピーが目を引きます。

そんな仲介業者は写真の撮り方も工夫されていて、見映えのいい物件写真を撮ってくれます。ほかの業者と比べて掲載写真の数も多く物件のアピールに一役買ってくれます。

条件3　依頼を受けてからの動きがスピーディな業者

残念なことに、客付けの依頼をしたのにいつまでたってもネットに物件を掲載してくれない業者もあります。私が客付けをしようとしていたときのことです。ある業者に客付け依頼をしたのですが、1週間たってもネットに物件情報がアップされません。心配になって電話してみると、「最近天気がよくないので物件写真が撮れていないんです」。それからまた1週間が過ぎてたまらずに電話すると、今度は「間取り図の作成ができていないんです」。

こんな仲介業者に物件を預けていたら、いつまでたっても賃貸が決まらないでしょう。

そのときは複数の業者に仲介の依頼をしていたのですが、動きの速いところでは2～3日で物件情報がアップされていました。そして案の定、動きの速い業者が1カ月以内に客付けしてくれました。

「そんなひどい業者はめったにないんじゃないの？」と思われるかもしれません。ですが、私はこのとき5社に仲介の依頼をしていましたが、そのうちの3社はまともに賃貸の募集をしてくれませんでした。

業者の見極めは実際に客付けの依頼をしてみないとわかりません。ですから**最初は、一般媒介で複数の業者に依頼をかけてみる**ことをおすすめします。オーディションのようなものです。**試しにいくつかの業者に仲介を依頼して納得できる動きをしてくれた業者とだけ今後つき合っていけばいい**のです。動きのスローな業者に頼っても時間が垂れ流されていくだけです。

まずは一般媒介から始めて任せられる仲介業者を探す

賃貸の仲介には一般媒介と専任媒介の2通りがあります。

一般媒介では複数の業者に仲介の依頼をかけられるのに対して、専任媒介では1社のみで他社に依頼をかけることはできません。これだけ見ると「じゃあ一般媒介のほうがたくさんの業者さんが客付けしてくれるからいいに決まっている」となってしまいますが、じ

サブリース

不動産業者が一括で借り上げる仕組みのこと。空室があってもなくても契約で決まった賃料が入ってくる。家賃滞納の心配をしなくてよい反面、その管理費用は満室賃料の10～15%と高め（管理費は通常、賃料の5%が相場）。業者が一括借り上げをするので、大家は敷金・礼金、更新料をいただけない。満室にできる自信があればサブリースは利用する必要がないもの。一方で、そもそも埋まらない物件だと業者もサブリースのオファーをすることはない。

つはそうとも限らないのです。

業者には物件を紹介する優先順位があります。最優先されるのは自社保有の物件です。その次に**サブリース**の物件、その次が専任媒介の物件、最後に一般媒介の物件という順番です。

自社保有 ＞ サブリース ＞ 専任媒介 ＞ 一般媒介

一般媒介での依頼ではほとんど動いてくれないような業者もあります。私の場合、専任媒介であれば広告費は家賃1カ月分なのですが、一般媒介で募集するときは業者のモチベーションアップのために広告費を2カ月分にしています。そして、**一般媒介で複数お願いしたなかでトップクラスの動きをしてくれた仲介業者に次回以降専任媒介でお願いするようにしています。**

モチベーションを上げてもらう方法としては**キックバック**もあります。客付けしてくれた担当者の方に金一封を差し上げることをいうのですが、その額はだいたい家賃1カ月分や0・5カ月分が目安とされています。

私は、キックバックはやりません。戸建て賃貸は需要が底堅いので、しっかりネットに物件を掲載してくれれば問題なく客付けできるからです。一般媒介では広告費を2倍にし

キックバック

賃貸の客付け時に仲介業者に支払う謝礼金として広告費があるが、担当者個人に支払う謝礼のことをキックバックという。業者や担当者によってはキックバックを一切受けつけない方針のところもある。広告費は家賃の1カ月分、キックバックは0.5カ月分くらいが相場だが、これは地域によってかなりばらつきがある。

ていますが、それはあくまですべての仲介業者に最低限の動きをしてもらうためにお支払いしているものです。

札束を燃やせなければ客付けで苦労する⁉

金森重樹さんの著書『インターネットを使って自宅で1億円稼いだ！　超・マーケティング』（ダイヤモンド社）にはこんなことが書かれています。

「札束に火をつけて燃やせない人間は商売をやめなさい」

もちろんリアルに札束をメラメラ燃やせといっているわけではありません。**「広告費に十分な資金を投入できないような人は商売に向いていない」**ということをいっているのです。

以前、賃貸の仲介業者に客付けの依頼をしに行ったときのことです。

一般媒介で募集をかけており、「2倍の広告費をお支払いしますので、どうぞ賃貸付けをお願いします！」と頭を下げたところ、仲介業者の社長さんが出てきてこんな話をしてくれました。

「このへんの大家さんでそこまでしてくれる人はいないですよ。広告費が半分のときもあるし、払ってくれない人もいる。正直いってそれではやる気に影響してきます。お客さんが付かなければ賃料は入ってこないのにね」

地方の大家さんのなかにはリフォームは入居が決まってからとか、客付けしてくれても業者に広告費を払わないといった人がいますが、**そのやり方はケチった分だけ損をします。**

何度も書いているとおり空室の状態は毎月賃料分のお金を垂れ流しているのと同じですし、戸建て賃貸は一度入居してくれれば数年間住み続けてもらえる可能性が高いので投入した費用は十分回収できます。

広告費も必然性があれば相場よりも高めに設定する必要がありますし、担当者へのキックバックを考えてみるのも1つの手です。**できるだけ速やかに客付けできるように資金投入を惜しまないほうが結果として利益が出ます。**

家賃値下げを持ちかけられたら?

さて、賃貸募集時には入居希望者から家賃交渉が入ることがあります。その場合はどうすればいいでしょうか。

これは悩ましいです。客付けするための広告費を惜しむのはよくありませんが、いわれるまま家賃を下げてしまうのは問題です。

物件に反響があり内見者が多ければ家賃交渉は拒否してもかまわないと思いますが、内見者がさびしいときには多少譲歩してでも入居してもらいたいのが大家の本音です。

では、家賃1月5万８０００円で募集している物件を３０００円値下げして5万５０００円にしたとします。年間では3万６０００円のマイナスです。忘れてはいけないのが、**家賃を下げてしまうと売却するときに物件価格が下がってしまう危険性があること。**

客付きで投資家に売却する場合、その物件の利回りが売却価格に影響します。もし物件を３５０万円で売却する場合は、家賃5万８０００円であれば、（5万８０００円×12カ月）÷３５０万円×１００＝利回り19・８％。家賃5万５０００円であれば、（5万５０００円×12カ月）÷３５０万円×１００＝利回り18・８％。このように利回りが下がってしまいます。**投資家から見れば利回りが下がることは物件価格が割高＝値下げの余地があるということ**です。

私は、**家賃交渉の話があっても基本的に値下げはしません。**ではどうしているかというと、**フリーレントを導入することで対応しています。**

フリーレントとは入居後の数カ月間の賃料をタダにすることです。私はフリーレントで１カ月分の賃料を無料にしています。１カ月分の賃料は先ほどの例でいうと5万８０００円になります。５万５０００円に値下げしたときには1年で3万６０００円賃料収入がダウンでしたから、２年間住んでもらえれば値下げするよりも安く収まります。そして、**このやり方なら物件利回りも低下しないので売却時にも影響が出ません。**

依頼が終わってからも物件のアピールは続けよう

客付けの依頼を業者にしたことで満足してしまい、そのあとはすべて業者に任せっきりということは絶対に避けましょう。

私の場合、ポータルサイトにちゃんと掲載してくれているか、募集条件は依頼どおりに掲載されているかなどを細かくチェックします。

そしてそれで安心せずに、できるだけ頻繁に担当者に連絡を入れます。業者はいくつもの物件を扱っていますから自分の物件は忘れられがちです。**常に頭に入れておいてもらうために最低でも2週間に1回は反響の確認をします。**一般媒介で募集しているときは、物件資料に、「日ごろお世話になっております。○○の物件の大家の△△と申します。物件の反響はいかがでしょうか？　募集のほう、今後ともよろしくお願いいたします」と添えてFAXで一斉送信しています。もちろんLINEという手段もありますが、担当者との関係性がまだそれほどでなくアカウントを知らないこともあるので会社宛てのFAXを使います。

ここではメールの使用は控えたほうが無難です。不動産投資を始めたてのころ、とある管理会社にメールで連絡を入れました。その管理会社のホームページには「お気軽にお問い合わせください」とばかりにメールアドレスが明記されていたので、ごく当たり前のことと思いメールを送ったのです。そのメールの内容は、「できるだけ早く客付けをしたいのでほかの業者さんにも仲介の営業をしたいと考えています。もし不都合があればご連絡ください」というもの。

それから数日たっても返信がありませんでした。とくに問題ないのだろうと判断し、仲介の営業に回ることにしました。後日、その営業の道すがらメールを送った管理会社の店舗に立ち寄ってみました。

私「何社かに客付けの声かけをさせてもらっています。そのうち連絡が来ると思いますのでよろしくお願いします」

管理会社「……」

私「先日メールをお送りしたのですが」

管理会社「確認します！（ドタバタ）」

こんな具合です。業者によってはほとんどメールをチェックしていないようです。先ほど「FAXを使う」と書いたのはこういう理由です。「いまさらFAX!?」と思うのはごもっともですが、**アナログな会社が多い不動産界隈ではいまもバリバリFAXが使われています**。FAXは確実な連絡手段なのです。

物件写真は自分で用意しよう

賃貸募集中の物件写真をネットで見ていると、何でこんな見映えの悪い写真を載せているのだろうと不思議に思うことがあります。ネットで物件検索して内見の申込みを入れる人が大多数なのに……。

ネットに掲載する物件写真はお見合い写真のようなもの。見た目から受ける印象がもうひとつとか、何だか苦手そうとか、話が弾まなさそうといった人と積極的にお会いしたいとは思いませんよね。

初対面の人物に対する印象は、視覚情報55％、聴覚情報38％、言語情報７％という割合で構築されるとするメラビアンの法則について聞いたことがあると思います。メラビアンの法則の解釈については諸説あるようですが、実体験に照らしても視覚情報の割合が突出して高いというのは合点がいきます。物件の見どころを文章だけで伝えるよりも、存在感があってカッコいい写真をパーンと入れたほうがはるかに説得力があるのはいうまでもありません。

ネットに掲載する物件情報では視覚に訴える物件写真が重要なピースになりますから、物件写真を業者任せにすることはやめましょう。納得できる写真を自分で撮って業者に支給してあげるべきです。

賃貸募集は歯止めを用意したうえでハードルを下げていく

ここでは賃貸募集の条件についてお話しします。

私は、家賃保証会社への加入を必須にしています。**家賃保証会社で行われる入居希望者の審査が私の入居審査**のようなものです。

審査を通れば**属性**がいまひとつな方でも外国の方でも入居ＯＫとしています。逆に**審査を通らない人はどんな好条件を提示されたとしてもお断りしています。**

以前、家賃保証会社の審査に通らなかった人から、家賃を6カ月分まとめて前払いするから入居させてほしいという申し出がありました。その申し出を受ければ一気に数十万円の現金が入ってくるわけですから、まったく気持ちが揺らがなかったというとウソになりますが、最終的には保証会社の審査を通らない人は迎えないという方針を守りました。

家賃保証会社は、入居者が家賃を滞納してしまった場合、その滞納分を肩代わりして大家に支払ってくれます。滞納分は家賃保証会社がキッチリ入居者から取り立てます。家賃保証会社の取り立ては厳しく、私たち大家の比ではありません。不良入居者がい続ける限

属性

一言でいえば、社会的環境に基づくその人の評価。属性は年収、勤務先、勤続年数などに左右される。年収は多ければ多いほどよく、勤務先も中小企業よりも東証プライム上場など大企業のほうが高く評価される。また、個人事業主よりも給与所得のあるサラリーマンのほうがポイントが高くなる。

り家賃保証会社は滞納分を肩代わりしなければいけないので、保証会社は家賃の支払い能力がなくなってしまった入居者を退去させることもあります。

ひと口に家賃保証会社といってもたくさんの会社があります。私がよくおつき合いさせてもらっているのは「賃貸ライフの頼れるパートナー」をキャッチコピーに掲げている全保連株式会社です。保証会社によって保証範囲が異なります。全保連の保証範囲は広いのですが、その分、入居時の審査はほかの保証会社よりも厳しめになっています。

私の知り合いの投資家は家賃滞納をめぐって訴訟沙汰となり、最終的に強制執行に至ったのですが、そのときはかかった費用のすべてを保証会社が支払ってくれたそうです。強制執行は出費の面からも痛いです。弁護士から聞いた話では1Rで40〜50万円、ファミリー物件の場合は100万円程度にものぼるとのこと。

さて、迷惑入居者対策でやってはいけないことが1つあります。それは**ドアへの張り紙**です。家賃を滞納したり騒音をまき散らしたりする迷惑入居者が電話に応じない場合、ついドアに「至急連絡求む！　by大家」のような張り紙を貼りつけてしまいたくなりますが、**これをやってしまうと名誉毀損による不法行為になる可能性が大**だそうです。迷惑入居者には張り紙ではなく、**内容証明**で手紙を送付するのが正しいやり方です。

内容証明

「誰から誰宛てに、いつ、どんな内容の手紙が出されたのか」を郵便局（日本郵便）が証明してくれる郵便。裁判沙汰になるような事態では手紙を送った・送っていないなどで紛糾する可能性があるが、そんなときに内容証明で郵便物を送っておけば、どのような手紙をいつ・誰に出したか郵便局が証明してくれるので証拠となる。

戸建て賃貸は敷金・礼金ゼロゼロでOK！

募集条件のなかに必ず含まれる敷金・礼金。戸建て賃貸では敷金・礼金をそれぞれ家賃1カ月分いただいている大家さんが多いようですが、私は基本的に**敷金・礼金はともにゼロにしています。入居者が入居時に負担する初期費用を軽くすることで賃貸付けをスムーズにしたいから**です。

入居時の初期費用がいくらくらいかかるかご存じでしょうか。

初期費用は思いのほか高額です。初期費用の内訳を前払い賃料、敷金・礼金、仲介手数料、火災保険料、家賃保証会社保証料とします。

- 前払い賃料……家賃1カ月分（月の途中に入居の場合は日割り計算）
- 敷金・礼金……家賃1カ月分ずつ
- 仲介手数料……家賃1カ月分
- 火災保険料……2年で1万5000〜2万5000円くらい
- 家賃保証会社保証料……家賃の20〜50％

たとえば賃料が6万円なら初期費用は25〜30万円程度かかります。もちろん引っ越し費用もかかります。とくに荷物の多いファミリー世帯は引っ越し費用がかさみますから、この初期費用が入居者にとっての高いハードルとなってしまいます。初期費用、引っ越し費用を賄えるキャッシュを持っている人にしか入居してもらえないのは機会損失です。ですので、私は敷金・礼金を取っ払うことで初期費用を軽くしています。

敷金・礼金をいただかないことで危惧されるのが短期退去ですが、何度もいっているとおり戸建て物件の第一のターゲットはファミリーです。ファミリーは荷物が多く、お子さんの学校などの事情もありますからおいそれと転居というわけにはいきません。**短期退去の心配はシングル向けの物件と比べると少なくなります。**それでも不安という方は、敷金・礼金がゼロゼロの代わりに、入居1年未満の短期退去の場合はペナルティで家賃1カ月分をもらい受けるなどの文言を賃貸借契約時に特約として入れておくことで対応することもできます。

戸建ては（条件付き）ペット可でいこう

ペットについては、**戸建て物件では絶対可にしたほうがよい**と考えています。

地方の街のドラッグストアやホームセンターを覗いてみると、どのお店にも立派なペットコーナーがあることに気がつきます。やはりそれだけペットを飼っている人が多いということでしょう。ペット可の物件はペット不可の物件と比較したときに入居付けで大きなアドバンテージがあります。

ペット可のアパートもありますが、ペットを飼っている人はペット可のアパートとペット可の戸建ての2択なら後者を選ぶことが多いのではないでしょうか。

以前、賃貸の不動産会社の営業の方とお話をしたときのこと。どうしても埋まらないアパートがあると嘆いていました。聞いてみると4世帯のメゾネットタイプのアパートで、しかもペット可。そのエリアでメゾネットタイプは珍しく、立地もまずまずで買い物にも困らない。それなのにいつも空室があるそうです。その理由は犬の鳴き声。ある程度部屋が埋まって1匹の犬が鳴き声をあげると、ほかの犬もみんな鳴き出して、その声がヤバいそうです。犬を飼っている人でもひるんでしまうくらいなのだとか。

戸建て物件はペット可にしたほうがよいと述べましたが、**無制限にOKとしているわけではありません**。猫は建具などをひっかいたりするのでNGとしています。いままで内見してきた物件で、猫が飼われていた物件の破損度合いはけっこう深刻でした。犬も小型犬に限ってOKとさせてもらっています。

不動産会社にインタビュー

賃貸仲介のやり手営業マン・Mさん

Mさんは千葉県で売買や賃貸仲介を行う不動産会社に勤務している方です。私の物件の多くで客付けをしてもらっています。2014年から不動産業界に入った方で、特別業歴が長いわけではないのですが、ほとんどの物件を1カ月程度で客付けしてくれるやり手営業マンです。

賃貸で戸建てに住みたがるのはどのような人が多いですか。

やはり主にファミリー層です。子どもがいるご家庭や夫婦で家庭菜園をしたい人などですね。最近では県外からやって来る人も増えています。

コロナ後に移住が増えていると聞きますもんね。なかには別荘として借りる人もいますか。

いらっしゃいますね。それと、もともとマンションに住んでいて戸建てに住み替えたい人も増えている印象です。

戸建て賃貸は別荘需要もあるし、普通に住む人もいるということですね。

そのとおりです。あとは、とくに平屋の戸建ては人気があるんですよ。

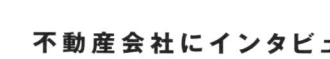

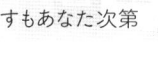

平屋は足が不自由な高齢の方でも住みやすいですもんね。都市部では平屋は数が少ないですから田舎ならではの物件といえると思います。

はい。その点がニーズを生んでいる可能性があります。

大家さんから客付け依頼された物件で、こんな物件は優先的に案内したいというのがあれば教えてください。

決まりやすい物件、申込みをいただきやすい物件はやはり優先的に案内します。逆に案内してもなかなか成約しない物件は優先順位が下がってしまいます。

何回案内しても成約しないような物件はモチベーションが下がってしまうのが当然ですよね。客付けの優先順位は専任媒介や一般媒介など媒介契約の違いでも変わってきますか。

複数の業者に声かけしている一般媒介よりも専任媒介のほうが力が入る面はあります。

その会社を信頼して1社だけに依頼しているので、その気持ちに応えたいということですね。

そのとおりです。

こんな大家さんは正直苦手というのがあれば教えてください。

私の場合でいえば細かい大家さんはちょっと苦手です。ざっくりとした人のほうがやりやすいです。

ある業者さんから、あまり細かい人はクレーマー気質を疑ってしまうと聞いたことがあります。対応に労力が人一倍かかるのではないか、と。それと同じですね。

人気がある物件の特徴を教えてください。

地方は車社会ですから必ずしも駅から近いほうがいいわけではありません。駅から遠くても駐車場を2台分確保できるような十分な広さがあれば、むしろそっちのほうが客付けしやすいくらいです。

駐車場は縦列で2台分と並列で2台分でも違いがありそうですが。

やはり並列2台が断然有利です。人気があります。

物件の築年数や間取りについても教えてください。

昭和築よりも平成築のほうが好まれるのはたしかです。

年代によってデザインや建物の仕様が明らかに違いますもんね。でも、築古であったとしても内装と外観がしっかりリフォームがされていれば、それほど賃貸の客付けに影響がない印象があるのですがいかがでしょうか。

見た目がキレイになっていれば築年数は気にしないお客さんも多いです。

間取りは何が人気ですか。

ファミリー層には3LDKです。年配のご夫婦2人の場合は2LDKも人気があります。

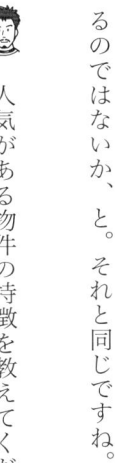

同感です。3LDKや4LDKがボリュームゾーンで、それ以上の広さは掃除が大変という問題が出てくるように思います。

あと、古い物件は部屋が細かく分かれていますよね。大家さんのなかには壁を抜いて1つの広いLDKにするようなリノベーションをする人がいますが、入居者さんにも広いLDKは人気ですか。

広々としたLDKは魅力の1つになりますが、私は駐車場やほかの設備がしっかりしている物件であれば特別大きな間取り変更は必要ないのでは、と思います。

駐車場の広さなどほかの要素が十分であれば、それほど重要ではないのかもしれませんね。やはり間取り変更はコストがかかりますし。

戸建て賃貸でとくに重要な設備は何でしょうか。

女性は水回りにとても敏感です。キッチンやトイレの清潔感はマストといっていいと思います。

それはまったく同感です。水回りが汚い物件はとにかく決まりにくいですよね。ファミリー層が賃貸物件を探しているとき、決定権を持っていることが多いのは旦那さんよりも奥さんという認識でいいですか。

最終的な決定権は奥さんが持っていることが多いですね。

となると女性が好むデザインや設備が重要ですね。早く決めたいならそこに焦点を当てるべきです。たとえば、キッチンの交換はしないけれど、その代わりにキッチンまわりにリメイクシートを貼るなどの方法はどうですか。

やったほうが確実にいいです。コストが許すのであればキッチンを交換するに越したことはありませんが、それが難しいのならリメイクシートでも物件写真の映りがよくなりますから効果があると思います。

エアコンはどうでしょう。戸建てはエアコンがないと決まらないと思いますか。

それはあったほうがいいです。とくにリビングですね。

私の場合、エアコンはメインとなる部屋に1台しか置いていないことが多いんです。各部屋に必要と思いますか。

いや、すべての部屋にエアコンが必要ということはありません。メインの部屋に1台でも十分だと思います。

私がそのようにしているのはファミリー層はすでにエアコンを持っていて、自前のエアコンを持って引っ越してくるイメージがあるからです。

実際、「自分たちでエアコンを設置してもいいですか？」という問い合わせはけっこうあります。

最後に、大家さんのなかには賃貸の客付けで外壁塗装はそれほど重要ではないという人がいます。内部がキレイであれば賃貸は決まる、と。個人的には外壁塗装が賃貸の客付けの面でも効果的だと思っているのですがいかがでしょうか。

インターネットで物件を探す際、外観の写真がトップに来るので外観がキレイな物件のほうが問い合わせが多いです。お気に入りに登録される数も多くなります。

そうですよね。私は、外観と内装の両方をキレイにしたほうが決まりやすいし、より高い賃料をいただけると考えています。

たしかに、外観がキレイだと賃貸が決まりやすいのはもちろん、賃料がある程度高くても話がまとまりやすいですね。

第7章

お金を残せる
戸建て投資家になろう

戸建て賃貸なら管理費を払うのは損

不動産投資では、入居申込みが入り賃貸の契約が済むと、そのあとは物件を管理会社に管理してもらうことが一般的です。管理会社には家賃入金管理や入居者からのクレーム対応などをしてもらうのですが、それには管理費というお金がかかります。管理費は、賃料の5％が相場です。

私は、**戸建て投資では管理費は無駄な経費**と考えています。兼業不動産投資家なら本業が忙しくて手が回りそうにないから、管理は管理会社に委託したいという人が多いと思いますが、それが戸建て投資では非常にもったいないんです。なぜなら**戸建て投資は自主管理がしやすい**からです。

まず家賃の入金管理です。自主管理だと、もし家賃がちゃんと入金されていなければ大家が入居者に催促の電話をしなければいけません。すぐに払ってくれれば問題ありませんが、なかには滞納する入居者もいます。何度も催促の電話を入れるなんてご免被りたいですよね。

自主管理

家賃の入金管理、入居者からのクレーム対応、退去時の立ち会いなどを自ら行うこと。管理会社に物件の管理をお願いした場合は毎月の賃料の5％程度の管理費がかかるので、その分を節約できる。基本的に戸建て物件はアパートなどの共同住宅よりも自主管理がやりやすい。騒音トラブルが起きにくく、庭の植栽などアパートでいうところの共用部分まで入居者がメンテナンスしてくれるため。

その対策は簡単で、家賃保証会社経由の入金にすればいいのです。家賃保証会社が入金確認をして、もし滞納が発生すれば入居者への催促を代行してくれます。家賃保証会社は万一のときには立ち退き裁判まで手配してくれます。入金管理で管理会社の力を借りる必要がないということです。

「入居者からのクレームが怖い」という理由で管理を委託する人も多いです。ですが、戸建て物件ではクレームはほとんどありません。私はいま20戸ほどの戸建てをすべて自主管理していますが、入居者からの連絡は月に1回程度です。

そして**入居者からの連絡の大半を占めるのは、「○○が壊れてしまったのですけど」という修繕の依頼**です。これはクレームでも何でもありませんよね。いつもお願いしているリフォーム業者に電話1本を入れれば対応してもらえますから、まったく手間になっていません。

また、**自主管理大家をサポートしてくれるサービス**もいろいろあります。たとえば「Casa」は大家が自ら家賃保証会社を付けられるサービスを提供しています。仲介会社を通さずに大家自ら客付けができる「エコーズ」というサービスもあります。エコーズでかかる費用は、通常の客付けでかかる広告費と比較すると安価な場合が多いです。エコーズでは内見の案内もエージェントが代行してくれるため、兼業不動産投資家でも仲介会社を入れずに賃貸の客付けを行うことができます。

自主管理大家をサポートしてくれるサービス

従来、家賃保証会社との契約は、賃貸の仲介業者や不動産業者を通さなければ手続きを進められないことが一般的だったが、Casaが提供する「家主ダイレクト」というサービスでは、仲介業者を通さずに大家が直接Casaと契約を結び、入居者に家賃保証を提供できるようになっている。家主ダイレクトやエコーズなどは大家が仲介業者を通さずに自主管理をしやすくするサービスで、賃貸物件管理の自由度や効率性が向上している。

「節税効果が高い」ってどういうこと？

築古戸建て投資は節税効果が高い――。これまで不動産投資の勉強をしてきた方ならどこかで目にしたことがあるかもしれません。これは事実で、私もこれまでの経験から実感していることです。

ここでは、なぜ築古戸建ては節税効果が高いのかについてお話しします。

まず、購入した物件の建物部分は減価償却費として経費にすることができます。築古戸建てのほとんどが木造のはずです。築22年（木造物件の法定耐用年数）以上経過した木造物件の減価償却期間は４年（簡便法）と定められており、短期間で経費に計上することができます。**短期間で経費計上できるということは1年あたりで経費にできる金額が大きい**ということです。

減価償却できるのは物件の建物部分に関してのみで、土地部分は減価償却することができません。

では、物件価格における建物部分と土地部分の割合はどのように決められるのでしょう

で求める。仮に木造で築10年が経過している場合は、（22 − 10）+ 10 × 20% = 14年となる。耐用年数オーバーの場合は減価償却期間 = 耐用年数 × 20%で求める。木造で耐用年数オーバーの場合は、22 × 20% = 4年になる（2年以上の場合の1年未満の端数は切り捨て）。

か。

私はいままで37戸の戸建てを取得してきましたが、そのへんはかなりアバウトでした。「そっちで勝手に決めちゃっていいですよ」という感じの業者や売主さんもいたりします。

とはいえ300万円の物件で建物290万円、土地10万円のような一見してあり得ない按分率の場合は税務署からツッコまれる危険性があります。固定資産評価証明書を参考に、さりげなく建物比率を高めに設定するくらいが無難でしょう。

さて、建物比率を高めに設定して減価償却費を多くとると、じつはあるときに税金がたくさんかかってしまいます。

それは**物件の売却時**です。

売却時に得た譲渡所得に対して課税されるのですが、多額の減価償却費を計上していると売却時に利益がたくさん出てしまい、より多くの税金が課税されてしまうのです。

たとえば法定耐用年数オーバーの戸建て（築22年以上経過した木造戸建て）A・Bを購入したとします。

A　建物３００万円、土地１００万円の物件
B　建物50万円、土地３５０万円の物件

減価償却

簡単にいうと一度に全部を経費にしないで、毎年少しずつ経費として計上すること。不動産投資では、主に購入した物件の建物部分を減価償却することになる。土地は建物のように老朽化しないので減価償却することができない。物件購入費のうち建物部分のみを減価償却していく。減価償却期間は物件の耐用年数に応じて異なる。RCは47年、重量鉄骨は34年、軽量鉄骨は27年、木造は22年。新築であればこの減価償却期間になるが、中古の場合は、減価償却期間 =（耐用年数 − 経過年数）＋経過年数 × 20% ↗

これらの物件を取得から5年後に売却するとします。法定耐用年数オーバーの物件の減価償却期間は4年なので、5年後ということはすでに減価償却が終了しています。この時点で建物の価値はゼロです。

A・Bは、それぞれ350万円で売却できたとします。

このとき、所有期間が5年を超えての売却なので長期譲渡所得となり、約20%の税率で課税されます（所有期間5年以下で売却の場合は短期譲渡所得で税率は約40%）。譲渡税は売却益×20%（ここでは数字を丸めて20%とします）で求めます。

Aの場合を見てみましょう。建物部分は減価償却されています。売却価格350万円－建物の取得費0万円－土地の取得費100万円＝250万円。250万円が利益です。ですので、250万円×20%＝50万円。50万円が税金で持っていかれます。

一方でBの場合、売却価格350万円－建物の取得費0万円－土地の取得費350万円となるので利益なし。譲渡税はかかりません。

このようにガッツリ減価償却している場合、売却時に税金が重くなる可能性があることを覚悟しなければなりません。減価償却を大きくとると、その分だけ物件の簿価（購入価格から減価償却費を差し引いたもの）が下がり、売却時に実際の売却価格との差額が大きくなります。この差額が譲渡所得として計上されるため譲渡税などの税金が増加するのです。

リフォーム代は一括計上と減価償却に分かれる

減価償却費以外の経費についても見てみましょう。

築古戸建てはほとんどの場合、購入時に費用をかけてリフォームを行うはずです。リフォーム費用は「修繕費」として一括で経費に計上することができます。ただし、なかには修繕費ではなく「資本的支出」として複数年にわたって減価償却しなければいけないものもあるので注意が必要です。

そのリフォームは修繕費なのか、資本的支出に当たるのか。 この判断は難しいのですが、国税庁のホームページには次のように書かれています。

（修繕費は）固定資産の修理、改良等のために支出した金額のうち、その固定資産の維持管理や原状回復のために要したと認められる部分の金額

（資本的支出は）当該固定資産の価値を高め、又はその耐久性を増すこととなると認められる部分に対応する金額

例えば次に掲げるような金額は、原則として資本的支出に該当する。

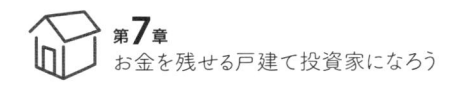

（1）建物の避難階段の取付等物理的に付加した部分に係る費用の額
（2）用途変更のための模様替え等改造又は改装に直接要した費用の額

簡単にいうと**修繕費は原状回復のためのリフォームにかかる費用、資本的支出は物件価値を高めるためのリフォームにかかる費用。**

戸建て物件のリフォームでポピュラーな外壁塗装やクロスの貼り換え、クッションフロアの交換などは回復のためのリフォームと考えられるので修繕費として一括で経費に計上できそうです。

ではシステムキッチンを入れたり、ユニットバスに交換したりした場合はどうでしょうか？

これらは物件価値を高める修繕ということで、基本的に資本的支出に当たり資産として計上する必要がありそうです。ただし、**20万円未満の支出にとどまった場合は修繕費として一括で経費に計上できます。**もちろんキッチンやユニットバスの交換にも適用されて、20万円未満であれば一括で経費にすることができます。

そのほかにも借入金利子、管理会社に支払う管理費（先ほど管理費は節約できると書きましたが）、賃料の振込手数料、火災保険料なども経費として計上できます（借入金利子は不動産所得が黒字のときのみ経費にできます）。

戸建て賃貸は5戸持っていると節税効果がさらにアップ

不動産投資は**「事業的規模」**と認められると節税の幅が広がります。

事業的規模と認められるには5棟10室以上の物件を所有している必要があります。**戸建て物件は1戸で2室換算されますので、5戸の戸建てを所有していれば事業的規模になります。**事業的規模と認められるにはもう1つ条件があって、それは**青色申告で確定申告をすること**です。

さて、晴れて5戸以上を所有する大家となった場合、その節税効果は税務署に届出を提出することで享受できるようになります。提出する書類は「個人事業の開業・廃業等届出書」「所得税の青色申告承認申請書」、そしてご家族に給与を支払う場合には「青色事業専従者給与に関する届出書」も必要です。

書類の提出期限は、「個人事業の開業・廃業等届出書」は開業の日から1カ月以内。「所得税の青色申告承認申請書」「青色事業専従者給与に関する届出書」は開業の日から2カ月以内（その年の1月15日以前に開業した場合は3月15日まで）となっています。

書類の提出について補足があります。私が所有する戸建てが5戸を超えたときの話です。そのとき私は、その年度分の確定申告から青色申告にするために「所得税の青色申告承認申請書」を税務署に提出しました。帳簿に記帳するためのソフトも用意して、毎月頑張って記帳作業を続けていきます。青色申告では正式な記帳方法である複式簿記で記帳しなければいけないので、それまでやっていた白色申告と比べるとかなり面倒です。

そんなときネットで調べ物をしていると、あることに気がつきました。

私は「個人事業の開業・廃業等届出書」を出していなかったのです。国税庁のホームページには次のように書いてあります。

事業的規模の不動産貸付けを開始したときは、開業の日から1か月以内に「個人事業の開業・廃業等届出書」を提出することが必要です。

ヤバい！　1カ月なんてとっくに過ぎています。もしかして青色申告することができない⁉　あわてて税理士さんに電話を入れます。

私　「あのワタクシ、青色申告できるんでしょうか？」

税理士　「大丈夫です。いまからでもすぐに開業届を出しておきましょう」

そこでさっそく開業届を税務署に提出しに行きました。そこでの税務署員の反応は意外

戸建て投資と「事業的規模」

戸建ては1戸2室換算

5戸で「事業的規模」になれる

事業的規模のメリット

- 間接経費も経費にできる
- 65万円の青色申告特別控除が受けられる
- 家族に給料を支払い、所得を分散できる

なものでした。

「いま出していただければ大丈夫ですよ。そんなにカチカチなものではないので」

一瞬ヒヤリとしましたが、何とか事なきを得ました。「個人事業の開業・廃業等届出書」はガチガチではないようです。しかし「所得税の青色申告承認申請書」は違います。**「所得税の青色申告承認申請書」は必ず期限内に提出しておかないと、その年から青色申告することができません。**

事業的規模になると、どんな税の恩恵がある？

まず事業的規模の大家になると、**直接経費だけでなく間接経費も経費として認められる**ようになります。

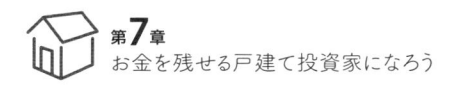

■直接経費……減価償却費、借入金利子、固定資産税、物件管理費など
■間接経費……物件視察の交通費、セミナー参加費、交際費など

物件調査、物件管理、業者への営業回りなどは自家用車を使用することが多いと思います。**事業的規模の大家は車の購入費、ガソリン代、保険料、車検代、メンテナンス費なども使用割合に応じて経費として計上できます。**たとえば車を週末の2日間のみ不動産賃貸業に使用しているとしたら、1週間のうちの2日ということで、車の費用総額の7分の2を経費として計上します。車の購入費は、新車なら6年、4年落ち以上の中古車なら2年で減価償却できます。車の購入費も使用割合に応じて経費にできます。

また、記帳を複式簿記で行うなどの条件を満たして青色申告すると、青色申告特別控除を受けることができます。利益が出たときにしか使えませんが、**65万円をその年の所得から差し引けます。**そして青色事業専従者給与として家族に給料を支払えるのも大きなメリットです。所得税は所得が高いほど税率が高くなりますから、1人あたりの所得金額を抑えたほうが税金は安く済みます。ただし、青色事業専従者（青色申告を行う事業者と生計を一にする配偶者や15歳以上の親族で、年間6カ月を超えてその事業にもっぱら従事している人）になると、**家族間で所得を分散することは税金面で大きなメリットがあります。**ただし、青色事業専従者（青色申告を行う事業者と生計を一にする配偶者や15歳以上の親族で、年間6カ月を超えてその事業にもっぱら従事している人）になると、扶養控除、配偶者控除を受けられなくなる、パートなどほかから収入を得ることに制限がかかるなどの制約もあります。

65万円をその年の所得から差し引ける

青色申告特別控除には「65万円」「55万円」「10万円」の3種類がある。記帳を複式簿記でやっていないと「10万円」、複式簿記でやっていると「65万円」か「55万円」。65万円控除と55万円控除の違いは、e-Tax（PCやスマホで行う電子申告）をするか、または電子帳簿保存を行っているかどうかにある。e-Taxで申告するか電子帳簿保存をしている場合は65万円の控除、していない場合は55万円の控除が適用される。

戸建て大家にも法人は必要？

私のまわりには法人を設立している大家さんが大勢います。**不動産投資を個人名義でやるのか、法人名義でやるのか？　法人を設立するとしたら、そのタイミングは？**　不動産投資をやっている人なら誰もが一度は考えることです。

法人設立でまず検討しなければいけないのは課税所得です。２２０ページに示したように所得税は所得額に比例して高くなっていきますので、家賃年収が増えて所得額が増えるとそれだけ税金も高くなります。ここでは細かな計算は割愛しますが、個人の実効税率（実質的な税負担率）は最高で55％強にまでなります。

一方、法人を設立して、その法人名義で取得した物件には最高実効税率32％の法人税等が適用されます。つまり、課税所得が大きい場合は個人よりも法人のほうが税金を少なくすることができるわけです。

不動産所得が増えて個人の所得額に対する税率がもうイッパイイッパイだなとなったときが法人化する１つのタイミングだと思います。ＲＣマンションなど規模の大きな一棟物

個人の所得税＋住民税の税率

課税所得	所得税税率	住民税税率
195万円以下	5%	
195万円超～ 330万円以下	10%	
330万円超～ 695万円以下	20%	
695万円超～ 900万円以下	23%	10%
900万円超～ 1,800万円以下	33%	
1,800万円超～ 4,000万円以下	40%	
4,000万円超	45%	

法人の実効税率

課税所得	実効税率
400万円以下	20.4%
400万円超～ 800万円以下	21.7%
800万円超	32　%

※法人の実効税率には地方税が含まれており、その地方税は自治体ごとに税率が異なる。左記は東京都の例。

を持つ大家さんは、家賃収入がかなりの額にのぼるため所得税が多額になります。そこで最初から法人をつくって、法人名義で物件を購入するケースもあるようです。

一方、築古戸建てをターゲットとする大家は所得額がそんなに大きくなることはありません。築古戸建ては減価償却費が多く出ますし、購入当初の修繕費も多めにかかってくるからです。事業的規模になれば65万円の青色申告特別控除もありますから、課税所得が増えすぎることの心配はいりません。

一棟物の大家さんに比べれば築古戸建ての大家さんが「最初からすぐに」法人が必要になることは少ないはずです。

法人化のメリット・デメリット

私はいま2つの法人を持っています。スタートから数年間は個人で戸建て賃貸を行い、法人への移行はタイミングを見て行いました。最初に設立した法人は現在8期目になります。

ここでは法人化のメリットとデメリットについてまとめます。まずはメリットから。

小規模企業共済に加入できる

小規模企業共済は、個人事業主や小さな法人の役員にとっての退職金制度です。月々最大で7万円、年間で最大84万円まで掛金をかけることができて、**この掛金全額を課税所得から差し引けます。** また、共済金は退職金として受け取ることができます。退職所得はほかの所得と比べて税金面で大きな優遇があります。

この小規模企業共済は給与所得を得ているサラリーマン大家は加入することができませんが、**法人を設立してその法人の役員になればサラリーマン大家も加入できます。**

所得分散効果が強力

個人事業主は自分に給与を支払うことはできませんが、法人なら社長や役員となった自分に給与を支払えます。**その給与は法人の経費になります。**

さらに家族に給与を支払うこともできます。個人で青色申告している場合は家族に対して青色事業専従者給与を支払うことができますが、扶養控除を受けられなくなるなどの制約があります。法人の場合は給与額にもよりますが扶養控除を受けることはできますし、その法人以外からの収入があっても給与を支払うことができます。

自分自身、法人、そして家族と所得を分散できるのが法人化の最大のメリットになります。その反面でデメリットもあります。

記帳が煩雑になる

法人は記帳などの会計作業が個人と比べて非常に煩雑です。確定申告書も個人と法人で2種類作成する必要があります。当然、税理士に支払う報酬もアップします。

青色申告の特別控除がなくなる

法人では、事業的規模であったとしても65万円の青色申告特別控除はありません。

赤字でも払わなければいけない税金がある

法人はたとえ赤字決算になったとしても、法人住民税の均等割（7万円ほど。地域によって異なります）を必ず納めなければいけません。

税務調査に入られやすい

個人と法人では税務署がやってくる頻度が違います。

税務署に目をつけられやすいのはどんな大家さん？

納税者のもとに管轄の税務署から調査官が派遣されて、売上をごまかしていないか、ありもしない架空の経費を計上していないかなど、納税者が申告した内容に怪しいところがないかあらためられる税務調査。この税務調査、どんな人がターゲットになりやすいのでしょうか。

まず**法人をつくっている人**が挙げられます。法人は個人よりも税務調査に入られる確率が高く、税務調査対象件数に対して実際に税務調査が行われる割合は個人なら1％程度、法人は5％程度とされています。

個人は法人に比べると心配が少ないわけですが、個人の場合でもこんな人は注意が必要です。

それは**毎回の確定申告が赤字になっている人**。とくに赤字額が大きい人は税務署の目にとまりやすいそうです。逆にいえば、赤字でもギリギリ赤字とかプラスマイナスゼロくらいの人は目につきにくいということでしょう。

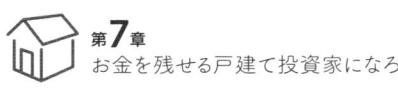

そして**確定申告を自分で行っている人**も税務署の格好のターゲットになります。不動産投資を始めたばかりであれば記帳作業などもそれほど煩雑ではないので、税理士に頼らずに確定申告を自分で済ませることも多いと思います。私もそうだったのですが、このように自分で確定申告することは税務調査の観点からは注意が必要です。

自分で確定申告をしている人が税務調査に入られると、税務署の調査官との力の差は歴然です。調査官は税法の専門知識を駆使して納税者の申告ミスや見逃しを指摘し、**追徴税**を確保する姿勢で臨みます。

いってみれば「1円でも多く税金を取る」ことが調査官の仕事です。税法に精通した調査官に細部まで厳しくチェックされると納税者は追徴税を大きく請求されることが多いです。

しかし、税理士がついている場合は状況が違います。税理士は税に関する深い知識と経験を持っており、税務署と対等に交渉することができます。そのため税務署側が厳しい指摘をしようとしても、税理士がそれに反論したり、納税者に有利な法解釈を提示したりすることができます。

自分の身近に税理士の存在があると、税務署側も簡単に追徴税を取ることができなくなり、少額の追徴税で済むことも少なくありません。

追徴税

本来支払うべき税額よりも低い税額を申告していると判明したときに追加で課される税金のこと。法人のほうが税務調査の対象になりやすいが、個人でも経費があまりにも多い場合や転売などでの売却益がある場合には税務調査に入られやすいといわれる。税務調査では調査官が手ぶらで帰るケースはめったにない。調査に入られそうな人は税理士とのパイプをつくるなど日ごろからの対策が大切になる。

戸建て物件でも5年たったら売却を考える

個人が物件を売却したときにかかる譲渡税は**分離課税**です。分離課税ですので、譲渡所得は給与所得や不動産所得と**損益通算**することができません。これは、ほかの赤字の所得と合算して税金を少なくすることはできないということです。

個人が物件購入から5年以内に売却した場合は短期譲渡所得となり、売却益に対して約40%の税率で課税されます。**4割ですから肌感覚では半分近くを税金で持っていかれる**感じといってもいいかもしれません。

物件の所有期間が5年を超えれば長期譲渡所得になり、税率が約20%に下がります。40%と20%ですから、個人の場合は5年保有してから売却したほうが税金面では明らかに有利です。

では、法人が物件を売却したときはどうなるのでしょうか。

法人の場合には短期も長期も関係ありません。そして分離課税の適用もありません。売却益も法人の所得になりますので所得額に応じた法人税等が課税されます。

分離課税

ある所得をほかの種類の所得と合算せずに別々に課税すること。個人が不動産を売却するときに生じる譲渡税は分離課税となる。サラリーマンの給与所得と不動産所得は合算されるが、不動産の譲渡所得は合算できず、別に課税される。一方、法人では譲渡所得も会社の利益も同一の収入とみなされ法人税等が課税されるので、分離課税されることはない。

法人税等の実効税率は220ページに示したとおり20・4〜32％ですから、**短期の場合は法人で売却したほうが税金が安くなりますが、長期で売却した場合は個人のほうが得になることが多い**です。短期保有で物件の売却を繰り返す人であれば、法人名義で購入したほうが納める税金は少なくて済みます。

5年は短くないと考える私なりの理由

私は物件を購入してから5年が経過したときに売却を考え始めます。「たった5年しか持たないなんて戸建て物件だし短すぎるのでは？」というご意見もあるかもしれません。5年をメドにするのには3つの理由があります。

1つ目の理由は、先ほど述べた短期譲渡所得と長期譲渡所得の違い。

2つ目の理由は5年後の近い未来であれば、ある程度予測できると考えているからです。10年後の未来となると想像もつきませんが、5年後であればいまとそれほど変わっていないのだろうなとイメージできます。不動産のマーケットは株式市場などと比べると変化のスピードが緩やかです。私が持っているような地方の物件ならなおさらです。

地方に建つ物件ですから、もう少し長いスパンで考えると人口の減少で衰退していく危

損益通算
課税所得を計算する際に所得と損失を相殺して計算すること。不動産所得は給与所得と損益通算できる。たとえばサラリーマンで給与所得があり、不動産所得で損失が生じた場合、給与所得から不動産所得の赤字分をマイナスしてトータルの所得を計算する。その場合、給与所得は源泉徴収ですでに税金を納めているので、マイナスした分は税金の払いすぎとなり還付を受けることができる。一方、不動産の売却益は分離課税のため給与所得や不動産所得と損益通算することができない。

険性が常にあり、私は**地方で必要以上に長く物件を所有するのは得策ではない**と考えています。

そして3つ目の理由。

私が狙っているのは実質利回りで15％以上のパフォーマンスを出せる物件です。実質利回り15％以上の物件を5年間所有すれば資金を75％回収できることになります。空室期間もありますからキッチリ75％とはいかないまでも、それに近い割合は回収できているはずです。

5年たてばすでに投資額のほとんどを回収していることになるので、その物件の投資は成功しているといえます。75％回収したあとに売却するとして、5年経過したことで物件価値が落ちているかもしれませんが、４００万円で購入した物件がいきなり半額になってしまうことは考えられません。

むしろ**安く買えれば購入価格とそれほど変わらない価格で売却することができる**と考えています。実際のところ、これまでに私が売却した物件はすべて物件購入費＋リフォーム費用以上の金額で売却できています。

物件を高く売るために欠かせない条件

実需と投資家、どちらに売るほうが利益が多くなるでしょうか。

戸建て物件は空き家ならマイホームとして実需向けに売ることができますし、賃貸が付いている場合は収益物件として投資家に売却することもできます。

実需に売る場合と投資家に売る場合、どちらが高く売れるかというと、それは**実需に売った場合**となるでしょう。

収益物件として売却する場合には利回りが重要になってきます。**地方の戸建てで築30～40年であれば少なくとも利回り12%は付けなければ売却は難しい**でしょう。賃料5万円とすれば売却価格は500万円です。

一方で実需に対してはキレイにリフォームすれば700万円や800万円で売れる可能性もあるはずです。不動産ポータルサイトで確認してもらうとわかりますが、築30～40年の地方物件であってもリフォーム済みのものであれば、それくらいの価格で売りに出されています。

ただし収益物件として売却する場合にもメリットはあって、それは賃貸付きで売却するときには売却期間中も家賃収入があること。実需に売却する場合には、売却期間中は常に空室にしておかなければいけませんから当然収入は発生しません。

餅は餅屋に依頼してこそ高く売れる

収益物件を高く売るには、満室にする、リフォームをして見映えをよくするなどの手立てが一般的ですが、売却を依頼する不動産業者の選定も忘れてはいけません。

街には不動産屋さんがたくさんあります。賃貸専門の不動産業者、売買専門の不動産業者、売買専門のなかにも実需向けに物件を仲介する業者もあれば収益物件を専門的に仲介する業者もあります。

実需向けに物件を売却する場合は、地場で集客力があり実需向け物件を得意としている業者に依頼するのがベストですし、賃貸付きで収益物件として投資家に売却する場合は専業で収益物件を仲介する業者に依頼するのがベストです。

間違っても実需向けに仲介している業者に収益物件を持ち込んではいけません。実需向けの業者と収益物件の業者では顧客層が違います。実需向け業者のお客さんはマイホームとして住みたい人ばかりですから、収益物件を持ち込んでもお門違いになってしまいます。

ではどうやって収益物件を専門に仲介している不動産業者を見つけるかというと、健美家や楽待などの不動産投資ポータルサイトで見つけるのがよいと思います。これらのサイトで何件も物件情報を覗いていると、「ああ、またここが仲介している」というふうに頻繁に目にする不動産業者が出てきます。**この業者こそ収益物件を専門的に仲介する業者**です。

また、収益物件として客付きで売却する場合にもう1つ大事になるのが、**入居前の物件写真をしっかり残しておくこと**です。入居中の物件を購入する場合には内見ができません。私も客付きの戸建てを購入してきましたが、なかの状態を確認できないままというのは大きな不安材料です。

入居前の物件写真が残されていれば、少なくとも入居前の状態は確認できるのでいくらか安心です。もちろんリフォーム後のキレイに仕上がっているところを写真に収めてください。

売値は売り方で大きく変わる

相対で取引される不動産に決まった価格はありません。同じスペックの物件が300万円で売れることもあれば500万円で売れることだってあります。

車を売るときには洗車してから査定に持っていくと高い見積もりが出る、ネットオーク

相対（あいたい）で取引される不動産

売りたい人と買いたい人が1対1で行う取引のことを相対取引という。不動産の売買は相対取引で行われるため固定された価格は存在しない。価格は売主と買主の間の交渉によって決まり、市場の需給や物件の状況、交渉力などにより大きく変動する可能性がある。そのため、不動産取引では同じような条件の物件でも異なる価格で売買されることが一般的。

ションは掲載写真の見映えが売値を左右するといった話を聞いたことがあると思います。

不動産も同じです。

人が品定めするときは見た目の影響を強く受けてしまうというメラビアンの法則は物件売却時にも当てはまります。物件情報を眺めていると、「○年△月に外壁塗装済み」などの文言を見かけることがあると思います。これはもちろん、物件の外壁を塗り直してから売りに出したほうが高く売却できるという腹づもりがあってそうしているわけです。

そしてもう1つ大事なのが、**優秀な営業マンに売ってもらうこと**です。

物件購入時に何度も内見していると、どこの業者のどの担当者さんが優秀なのかわかってきます。内見しているときには物件だけでなく、「この人は話が巧みだな」とか「この人は人柄がよさそうだし誠実そうだな」と営業マンの値踏みもしているはずです。

そういう人に営業されるとつい手を伸ばしたくなります。それはほかの人も同じです。

自分がつい買いそうになってしまう営業マンが優秀な営業マンです。

物件の売却を思い立ったら、そのような優秀な営業マンにじかに話を持っていって売却の相談をするようにしてください。優秀な担当者さんとのタッグは高値で売却することを強力に後押ししてくれるはずです。

不動産会社にインタビュー

収益物件専門の不動産会社として多くの投資家と仕事をしてきた「なごみ」社長の柳田武道さん

千葉にある不動産会社なごみの社長・柳田武道さんは、第6章にインタビューを掲載したリフォーム会社ピカいち 柳田将禎さんのお兄さんです。なごみは千葉県内を中心に収益物件の売買仲介・賃貸の仲介・物件管理などを手がけています。購入から売却に至るまで面倒をみてもらえるので投資家からするとありがたい会社です。修繕が発生したときもリフォーム会社ピカいちと提携しているので迅速に対応してもらえます。そんな、なごみの柳田武道社長にお話をうかがいました。

いまも多くの不動産投資家が新規参入してきていますが、投資家の間で戸建て投資の人気はどうでしょうか。

不動産は金融機関の融資引き締めの影響があります。そのなかで戸建ては高い人気があると思います。

どのような人からニーズがありますか。

特定の属性の方ということはなくさまざまです。初心者の方もいれば経験者の方もいます。しいていえば融資の上限に達したサラリーマンの方が次の物件を探すとき、もうアパートやマンションへの融資が出ないということで戸建てに目を向けています。

戸建て投資は一昔前よりも投資家の認知度が上がっていますね。以前は戸建て投資はニッチな投資というイメージでしたが、いまは投資法も確立されてノウハウも出回っているので興味を持つ投資家さんの裾野が広がったと思います。

購入方法はどうでしょうか。やはり現金買いが多いですか。

はい。現金買いが多いですね。もちろん融資利用で購入する方もいますが、私の印象では少数派です。

戸建ては融資の引きづらさがありますからね。

融資利用の場合は信金・信組、日本政策金融公庫を使って購入されることが多いです。

投資家の間でどんな戸建てが人気でしょうか。

多種多様です。たとえばボロボロであっても自分が労力をかければいいので安ければよいという人もいれば、賃貸中のオーナーチェンジ物件だけを探している人もいます。地方物件でも都心へのアクセスが良好な物件を求めている人や、物件価格に対する土地の評価を購入基準としている投資家さんもいます。

利回りを重視する人もいればエリアなどを重視する人もいて、同じ戸建てでも何を求めるかは人それぞれということですね。

戸建て投資のメリットとデメリットについてうかがいます。業者目線で感じていることがあれば教えてください。

やはり戸建て投資は一棟物の投資と比べると資産拡大のスピードがスローになってしまいます。戸建て投資はレバレッジの効かせ方が難しいですね。金融機関を使うにしても、どこに住んでいるかによって使えるところが変わってきますし。

戸建ては融資が出にくいので使える金融機関が限定されますね。先ほど少し出てきましたが、やはり投資家の地元の信金・信組だったら戸建てでも融資が出やすいですか。

私の観測範囲での話になりますが、信金さんはそんなに積極的な印象はないです。信組さんは取り組んでもらえるケースが多いように思います。

戸建て投資のメリットについても教えてください。

戸建てはロットが小さいので失敗したときのリスクを抑えられます。そして複数の戸建てに投資すれば一棟物をドカンと購入するよりもリスク分散ができます。あとは単身者用の物件と比べるとファミリーがターゲットになるので家賃の滞納リスクが低いこともメリットになると思います。

会社では賃貸の客付け業務もされていると思いますが、戸建てとアパートならどちらが客付けしやすいと感じていますか。

とくに戸建てのほうが圧倒的に強いとは感じていません。エリアによってはアパート・マンションの需要が強いところもあります。ただ戸建て賃貸の物件数が少ないエリアが多いので、そのようなエリアではやはり戸建てに優位性があるように思います。

最後に不動産業者とのつき合い方についてうかがいます。たとえば、こういう投資家だったら優先的に物件を紹介したいといったことはありますか。

不動産会社の営業マンは皆忙しく1人で多くの顧客を抱えています。コミュニケーションが密でなく連絡が途絶えがちな人は忘れられてしまうように思います。やはり定期的に連絡をくださる方のほうが物件紹介もしやすいです。

担当者とのコミュニケーションといっても、どのように連絡したらよいかが難しいと思います。連絡手段は何が有効ですか。

電話はお互いに出にくい時間帯があるでしょうから、やはり電話よりもＬＩＮＥやショートメール。双方に記録が残りますし、こちらからも返信がしやすいです。

担当者と信頼関係を構築することは、いい物件を見つけるための大事な条件ですからね。担当者さんに気持ちよく仕事をしてもらうことが大切だと思います。

合同会社なごみ

ホームページ
http://www.nagomi.org/

TEL 043-306-1676　FAX 043-306-1677

初心者を失敗から遠ざけてくれる場とは？

不動産投資の失敗パターンで一番多いもの。それは**1件目の物件での失敗**だと思います。

初心者が不動産投資で失敗しないためにもっとも大事なことは何かと聞かれたら、私は**「不動産投資の先輩を見つけること」**と答えます。

先達として不動産投資で成功している人は不動産業者、リフォーム業者、営業マン、司法書士、税理士に至るまですでに人脈を築いています。不動産投資で怖いことの1つは業者にいいように扱われることです。先輩投資家の口利きでリフォーム業者を紹介してもらえれば「ボッタくられるかも……」といった心配は相当減ります。得意客からの紹介ということでむしろ少し安くやってもらえるかもしれません。

そして、物件を購入する前にはその先輩投資家に物件を見てもらうことをおすすめします。内見に同行してもらえればいうことなしですが、それが難しい場合には物件資料を見てもらって意見してもらうようにしてください。

そこでの評価がイマイチであれば、その物件は買うべきではありません。私は駆け出しの

不動産投資コンサルタントに頼るなら

ころ、**いくら自分がよいと思っても先輩投資家の同意を得られない物件は絶対に買わないようにしていました。**初心者の私とは圧倒的に経験値が違いましたから。

とはいえ不動産投資に通じている人なんて身の回りにそうはいないと思います。

そんなときは不動産投資コンサルタントに頼るのも1つの手です。コンサルタントならメールやオンラインで個別に相談することができます。不動産投資は地方戸建てでも数百万円単位の買い物ですから、ある程度のフィーであれば支払う価値はあると思います。

コンサルに頼る以外の方法としては「不動産投資のコミュニティに参加する」があります。コミュニティには大勢の投資家さんがいます。まだ始めたばかりの人もいれば何十と物件を所有しているベテランもいます。そこで先輩大家さんと仲よくなれたら業者の紹介や購入前の物件相談なども期待できるかもしれません。もちろん、出会って間もない状態で「教えて教えて」とすり寄るだけでは煙たがられるだけです。まずは相手との関係づくり、そしてお願いするのなら相手にとってのメリットもセットで考えないといけません。

もしそのような関係づくりに苦手意識があったり時間的な猶予がないのであれば、お金で時間を買う感覚で不動産投資コンサルタントを検討してみたらよいと思います。

成功するために成功している人のそばにいる

私は「戸建投資クラブ」というコミュニティを運営しています。手前味噌を承知で書きますが、とくにこれから始める人がコミュニティに参加して得られるメリットは計り知れないと思っています。

不動産投資で不可欠なコネクションができますし、オフ会の席や参加者たちのSNSでは不動産投資のあらゆる情報が飛び交います（不動産投資の本には絶対載せられないだろうなという類の情報や、〇〇市〇〇駅最寄りの物件はいいなど超ローカルな話題などなど）。

そしてもっとも強調したいのが、**不動産投資家は実社会では孤独な生き物**ということです。不動産投資をバリバリやっている人がすぐ近くにいることはまれでしょう。人はまわ

戸建投資クラブ

戸建て投資および不動産投資に特化したコミュニティ。2024年12月時点で358名の会員が在籍しており、毎日活発な情報交換が行われている。主な活動内容は、LINEグループでの情報交換、Zoomでの情報交換会、オフ会、DIY会、物件の相互紹介、会員同士での業者共有、そして私からの業者紹介（リフォーム業者、多能工、保険代理店、賃貸客付け業者、税理士）など。戸建て投資に関する知識と情報を共有し、会員同士のネットワークを強化する活動を展開中。

りの人の影響から逃れられない生き物です。私は両親から借金などするものではないと育てられましたが、**一律に借金は悪という考え方は不動産投資家にとってははっきりと有害**です。共有すべきものではありません。

成功するには成功した人と仲よくなるのが一番の近道だといいます。それは成功者の人脈などコネクションを手に入れられるからだけではないでしょう。**成功した人と同じ考えを持てるようになるから**だと思います。コミュニティでは皆さん不動産投資を志しているのはもちろんですが、なかには野心家気質の人もいます。そのような人たちと場と考え方を共有することで、不動産投資家としてのモチベーションを維持し続けることができます。

成功哲学の生みの親ナポレオン・ヒルが著した『思考は現実化する』（きこ書房）のなかには「マスターマインド」という言葉が出てきます。マスターマインドとは、「2人以上の、統一した願望や目標を持った人間の集まり」のことです。意識の高い者同士が互いに助言し合ったり、切磋琢磨し合ったりする集合体のことです。

ナポレオン・ヒルをはじめさまざまな成功者がこのマスターマインドをすすめています。適切なマスターマインドグループを持てれば、願望や目標は半分くらい達成されたも同然だ、と。コミュニティのような共通の目的を持つ人間が集う場所こそマスターマインドなのではないでしょうか。私は不動産投資を始めて10年以上になりますが、いまでもモチベーションを維持できているのは、このコミュニティの存在も大きかったと思っています。

もっとお金を残せる投資家へ！ステップアップを目指す

投資視点から見た戸建て物件は、一般的な賃貸以外にもさまざまな活用方法があります。たとえば、しかるべき行政の許可を得ることで店舗や民泊として利用することができます。私は以前、２５０万円で購入した戸建て物件をグループホームの事業者に貸し出していたことがあります。

グループホームというと高齢者が住む共同住宅をイメージするかもしれませんが、ここでのグループホームは軽度障害者用のグループホームで、知的障害、精神障害、身体障害が軽度の方が入所する施設です。国は医療費削減のために病院のベッド数を減らしており、このようなグループホームのニーズが高まっているのです。

グループホームとしての賃貸は部屋ごとに賃料を設定できるため、一般的な住居としての賃貸と比較すると収益性が高くなります。たとえば５ＬＤＫの戸建てだったら1部屋あたり3万円の賃料で、５部屋あるわけですから合計15万円の収入が得られます。事業者は入居者からの賃料をそのまま大家に支払います。

もっとも、グループホームとして利用できる戸建てには条件があって、まず間取りは最低でも4LDK以上が必要です。1LDKや2DKでは不適ということですが、大きな間取りの物件は修繕費がかさむので投資家にとっては扱いにくい面があり売れ残っていることがあります。大きな間取りはグループホームには適しており、売れ残り物件を安価に仕入れ貸し出すことで収益を上げるチャンスがあります。

ただし、グループホームとして利用するには各部屋の広さや築年数など**細かく決められた多くの条件**を満たす必要があります。これらの条件を知らないままグループホーム賃貸目的で大きな物件に手を出すのは、自ら損失を引き寄せてしまうようなもので絶対にNGです。

戸建てと一棟物のいいとこ取りを考える

ここまでほぼ戸建てオンリーで話を進めてきましたが、不動産投資の王道ともいえる一棟物投資についても触れておきたいと思います。

戸建て投資とアパートなどの一棟物投資にはいくつもの違いがあり、同じ不動産投資でも別物といっていいものです。

細かく決められた多くの条件

軽度障害者用のグループホームとして物件を利用するには、国や自治体が定める多くの基準や条件を満たす必要がある。間取りや各部屋の広さ、排水設備、耐震性、消火設備、築年数などが条件に含まれる。物件取得前にこれらの条件を理解し、あらかじめ改修や設備投資を検討することが必要になる。

戸建て投資の最大の魅力は何といってもその低い購入単価です。戸建て物件は、地域や状態によっては数百万円、時には数十万円で購入できるものもありますから、自己資金を大きく使わずに現金で購入することができます。

融資に頼らず不動産投資をすることができますから、市場環境に影響されにくいです。金融機関が渋り気味で融資が出にくい状況下でも低単価の戸建て物件なら自己資金で手に入れられる人が多いので、市況に左右されることなく物件の取得を続けられる利点があります。

また、低単価の物件ゆえに**流動性**が高いというメリットもあります。比較的容易に売却できることは資産運用に柔軟性をもたらしてくれます。

さらに、戸建て物件は実需にも売却できる点が強みです。これまで述べてきたように、戸建て物件は投資家同士の売買に限らず実際に住居を必要としている一般の人たちにも売却できます。実需の市場は投資家たちの市場と異なり長期・低金利の住宅ローンを利用できますから、融資が出にくい時期でも売却が比較的容易に進みます。

このように**戸建て投資は、市場の変動に柔軟に対応することが可能な投資手法**といえます。

一方でアパートやマンションなどの一棟物投資は、自己資金を抑えつつ大きな融資を引き出すことでレバレッジを最大限に活用した資産形成が可能です。一棟物投資の大きな特

流動性

資産の換金しやすさの程度のこと。一般に不動産は流動性が低い資産で、株や債券などは流動性が高い資産となる。株や債券はマーケットで売りたいときに売れるが、不動産は買い手が見つからなければ売れないため換金するのにどうしても時間がかかってしまう。不動産のなかでRCマンションやアパートなど高額物件は流動性が低く、物件価格が安い戸建てや区分所有マンションは流動性が高くなる傾向がある。低額物件と高額物件では購入できる人の数が違うため。

徴は、物件が高額であるため融資が非常に重要な役割を果たすという点。金融機関から長期融資を引き出すことで少額の自己資金でも大規模な物件を手に入れてキャッシュフローを生み出すことができます。

また、複数の部屋からの家賃を一括で得られるため物件の稼働率が高ければ安定した収益が期待できます。ただし、融資が引き締められている時期には物件購入が難しくなりますから、好条件の融資を得られないと資産規模の拡大が阻まれます。

一棟物投資は、市況が好転し融資が容易に得られる状況でもっとも効果的な投資手法といえます。

以上からいえることとは、**戸建て投資と一棟物投資の両方を理解し、状況に応じて使い分けられると強い**ということ。

戸建てに一棟物をプラスして両輪ができると、市場の変動に左右されにくく安定的に収益を上げやすくなります。つまり、融資が厳しい時期には戸建て投資を活用し、市況が好転し融資が出やすくなった際には一棟物投資でレバレッジを効かせて規模を拡大するということです。これだと**ポートフォリオも多様化します**。複数の異なるタイプの収益物件を持つことで収益源が分散され、空室が発生してもほかの物件からの収益でカバーできます。

戸建てと一棟物の両輪ができると長期的に成功しやすい体制を築くことができます。

先輩投資家にインタビュー

ボロ戸建て投資から賃収1億円超えの川村ふぁるさん

本名は川村隼大さんといいます。関西を拠点に14棟・約200室を保有する、家賃年収1億2000万円超の大家さんです。家賃年収が3000万円に達したのを機に32歳で卒サラされました。兵庫県川西市で宅建業も営みつつ、メガ大家さんとなったいまでも年間数十戸の空き家を再生しています。

川村さんは戸建てからスタートされたと聞いています。戸建て投資のメリットは何だと思いますか。

戸建て投資は融資（レバレッジ）を使わず現金で安く買える点がメリットですね。初心者にとってもスタートしやすいです。

賃貸の客付けに関してはどうですか。戸建てとマンションで違いを感じますか。

戸建てはオンリーワンの特性があるので客付けで優位性があります。マンションやアパートと比較すると、戸建て賃貸は数が少なく選ばれやすい面があります。私はアパートやマンションも所有していますが、戸建てのほうが圧倒的に決まりやすいです。

それは興味深いです。管理運営の面でも戸建てはラクだとよくいわれますが、それは実感していますか。

実感しています。戸建てはランニングコストが低く管理がラクです。アパート・マンションは共用部分がありますので、その維持管理コストがかかります。大規模なマンションだとエレベーターや貯水槽の費用もかかってくるのでかなりの負担感になります。一方で共用部分がない戸建てのランニングコストは固定資産税と火災保険料くらい。戸建ては一棟物と比較すると維持管理がとてもラクです。

私も戸建ての管理のしやすさは実感しています。賃貸が決まったあとはほとんど物件に行くことがないくらいです。

逆に戸建てのデメリットはいかがでしょうか。

戸建てで利回りがいい物件は再建築不可が多いですね。また、安いものは壁と壁が接している連棟式が多いです。そういう物件は融資を受けるのが難しいという問題があります。

レバレッジを効かせにくい分、規模の拡大で苦労するのが大きなデメリットですね。

そのとおりです。戸建ては投資スピードを上げるのが難しい。

では一棟物物件のメリットとデメリットはいかがでしょうか。

一棟物は金融機関から融資を受けやすく規模拡大がしやすいです。しかしいまは物件価格が高く競合も多いので、買い手にとっては難易度が高い局面です。それと一棟物の売り手は投資家や不動産のプロなので値付けミスなど市場の歪みが生じにくいです。

戸建ての場合は一般人の売り手が多いので市場の歪みが生じやすいと感じています。

たしかに戸建て市場はプロではない売り手が多いため、価格の歪みや交渉の余地が生じやすいですね。そして戸建ては空き家問題が慢性化しているくらいですから売り物件の供給数が多いです。

それと金融機関の融資が緩いときでも厳しいときでも戸建ては購入しやすいと思います。現金で買えるくらい単価が低いですから。

ただ、戸建てを現金で買ってしまうと資金が底を突いて買い続けられなくなってしまうケースが多いです。

築古戸建ては担保に取ってもらえないことも多いので、遅かれ早かれ融資を利用するなら早めに融資を受けておいたほうがいいでしょうね。手元のキャッシュも温存できますし、後々の投資の選択肢も増えます。

融資を利用すれば資金調達の方法が広がります。法人を設立したり黒字化を続けて信用を築いたりすることで融資もより多くの選択肢が出てきます。あとは戸建てを2〜3戸購入したら1戸は売却して資金を増やすという方法もあると思います。

戸建てを購入する際には融資で資金調達することも大事ですが、一方で売却して現金化する選択肢もあるわけですね。

はい。戸建てを数戸買い、それを売却して現金を回収する方法です。ただ、転売すると金融機関が融資してくれなくなる可能性もあるのでそれには注意が必要です。

一般人が不動産を反復継続的に売却することは宅建業法に抵触する可能性がありませんか。

基本的に宅建業法は宅建業者を取り締まる法律なので一般の人が転売で捕まる可能性は低いと思いますが、金融機関は決算書を見れば転売していることがわかるので融資で影響が出る可能性はあります。

いずれにせよ、もし転売を頻繁にやるというなら宅建業の免許を取ってプロになったほうがいいですね。そのほうが転売で出た利益を堂々と営業利益として計上できるので決算書もよくなります。

ただ、宅建業者になると初期費用やその後の経費がかなりかかるので、小規模でやるならそこまでしなくてもいいかもしれません。

それと安い価格で物件を仕入れられない限り転売で利益を上げることは難しいですね。買い取って再販すれば購入時・売却時の仲介手数料や登記費用、不動産取得税、火災保険料など多くの経費がかかります。その経費を加味したうえで利益を出さなければいけないので初心者には難しいです。はじめての不動産投資ならやはり賃貸から始めるのが無難だと思います。

続いて、川村さんのように戸建て投

資から規模拡大していくためにはどうしたらよいかをうかがいたいと思います。

まずは個人として利益を出し、それを証明できるように確定申告をします。規模が拡大してきたら法人を設立して、さらに黒字を出すようにします。そして利益が出たとしても無駄遣いせずに必ず再投資します。

内部留保をするわけですね。

そうすることで十分な自己資金と決算書の内容ができるので、より大きな投資にも挑戦できるようになります。

川村さんは宅建業者としても活動されています。個人投資家から宅建業者にステップアップすることを業者成りといいますが、その点についても教えていただけますか。

サラリーマンを辞めたとき、賃貸業のために設立した法人では出た利益をすべて再投資に充てていたので、宅建業の法人を新たに設立してそこから自分に役員報酬を出すようにしました。

宅建業の法人では主にどのような事業をしていますか。

空き家を安く仕入れてリフォーム・リノベーションを施し、それを転売するスキームを多く取り扱っています。最初は仲介も少しやりましたが、いまはほとんどやっていません。

資金調達はどうしていますか。業者が活用できるプロジェクト融資を利用したりですか。

転売用のプロジェクト融資はあまり活用していません。低価格の物件を多く扱っているので金融機関も融資に消極的ですし、十分な手元資金があるのでわざわざ融資を受ける必要がないという事情があります。

最後に、融資について突っ込んだ情報があれば教えてください。

戸建てで融資を受ける場合、ある程度土地評価が出るものの何かしらの不具合があって安い物件は意外と融資対象になることが多いです。不具合というのはたとえば心理的瑕疵や雨漏りがある、床が傾いているような物件ですね。じつはそのような物件でも金融機関はそれほど厳しく評価しません。

そうなのですか。心理的な問題――たとえば自殺や他殺があった場合、それはさすがに金融機関の評価に影響するような印象がありますが。

自殺や他殺が報道されているような場合はたしかに評価が下がります。しかし、そのような重大な問題がない限り金融機関はあまり厳しく評価しません。

孤独死で特殊清掃が入っている場合はどうでしょうか。告知義務が発生するかどうかの線引きとなるところですが。

家賃や売却価格に影響はあるものの金融機関の融資には大きな影響はありません。

これまでにいくつもの場数を踏んでいる川村さんならではのお話ですね。ありがとうございました。

先輩投資家にインタビュー

民泊という不動産投資のもう1つの形で最前線に立つ宗華さん

宗華さんはインバウンド向け民泊施設を十数軒運営しています。2017年ごろから自宅、実家、戸建て、マンション、一棟ビルと全国で民泊施設を立ち上げた方で、エアビーアンドビーのイベント登壇、キー局テレビ番組出演などメディア露出も多いです。立地×内装センス×おもてなしのバランスで高単価・高予約率を実現しています。ユーチューブや民泊オンラインサロンでも活動中です。

まずは民泊の現状から教えてください。

一言でいえば、すごくバブルです。オリンピックが来る直前の2019年ごろの雰囲気と似ているような気がします。

いまの民泊の状況はコロナ禍を経てのものですが、コロナ禍ただ中の状況はどうだったのでしょうか。

コロナ禍ただ中は絶望的な状況でした。仲間のなかには民泊から撤退して新たに仕事を探す人もいましたし、それこそ自己破産した人もいました。民泊では埋まらない部屋を補助金などいろんなものを使いながらほかの形で活用して活路を開いている人もいましたね。

ちなみに私はコロナ禍直前の2019

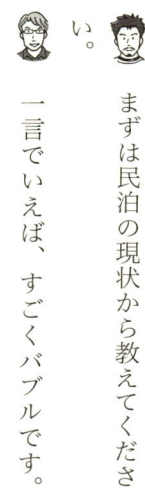

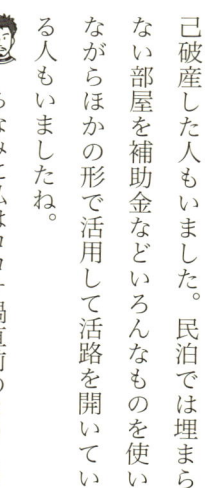

年に民泊に乗り出したのですが、幸い私が運営しているエリアでは全然影響がありませんでした。私がやっているのは貸し別荘で、あのころはアウトドアブームに火が付いていましたから。アウトドアブームは落ち着いたといわれていますが、いまでもコロナ禍のころ以上にお客さんに来ていただいています。

戸建て物件を民泊に活用するメリットについて教えてもらえますか。

一番はホテルとの差別化です。戸建てはもともとファミリーが生活するために建てられたもの。いくつかの寝室に分かれていて、皆さんが集まれるリビングがあります。快適に過ごせることが強みですね。

定員2～3名くらいの小箱みたいな部屋だとホテルと競合してしまいますが、戸建ては差別化が明確にできるので集客も安定しそうです。

そうですね。あとは少し田舎になるとホテルや宿泊施設がないエリアもあります。そのようなエリアで民泊をすると需要を掘り起こせる可能性があると思います。

私は地方エリアで民泊をやっています。田舎でやる場合は海がすぐそばなどの観光資源があったり、庭でバーベキューができるなど明確なアピールポイントが必要になると思います。そして民泊をやろうとして、ご近所にいい顔をされず揉め事になってしまったみたいな話も聞きますので、あえてまわりに何もないような物件を選ぶなどの工夫も必要になってくると思います。

建物のスペック面についてうかがいます。たとえば東京都内で民泊をやりたいとなったとき、都内では3階建ての戸建ても多いと思いますが、3階建ての戸建て民泊は条件的な部分で問題など出てこないでしょうか。

消防設備と竪穴区画（階段や吹き抜け部分に設置して火災時に煙や炎の侵入を抑えるための防災上の区画）という2つの問題があり、3階建てで民泊をするのは条件が厳しくなります。理想は2階建てです。

あとは水回りが多いほうがいいです。トイレは2つあったほうがいいですし、お風呂にプラスしてシャワールームがあったらいうことなしです。収容する人数にもよりますが、私はトイレは5人に1つ、お風呂は1つで7〜8人までかなと考えています。

今後の民泊の可能性はどのように考えていますか。

まだまだ開拓されていないさまざまな形やコンセプトがあります。需要はあるのにまだ誰もやっていないようなパターンもけっこうあります。今後の民泊は、恐れずに先陣を切って飛び込んでいく人が差別化できて勝っていくのかなと思っています。勢いがある市場ですからこれからも参入者が増えるのは確実です。

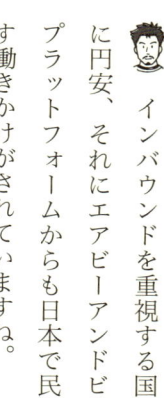

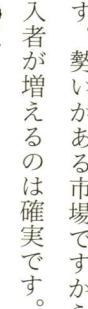

インバウンドを重視する国の後押しに円安、それにエアビーアンドビーなどのプラットフォームからも日本で民泊を増やす働きかけがされていますね。

金融機関も最近は前向きで、運営が安定していれば融資を受けやすい状況です。法律に則って民泊を行い、ゲストを満足させ、利益率も高く出せれば彼らから評価してもらえます。

法律無視とか近隣とのトラブルとか民泊の初期段階では悪いイメージもありましたが、実態は変わってきていると思います。

たしかに実態は変わっていますが、世間一般のイメージが追いついていない状況です。一度付いた民泊の悪いイメージを払拭する努力が、いまも私たち民泊運営者には求められていると思います。

私は時間の問題だと思っています。素敵な民泊が増えれば日本でも民泊文化みたいなものができてくるんじゃないかと。民泊はもっと増えるはずです。

その結果、競争も激しくなりますね。民泊では、いかに競争に巻き込まれずに自分だけのやり方を確立できるかが重要だと思っています。

最後に、民泊に興味がある方に向けて一言いただきたいです。

やるのであれば、ぜひ早めに参入するべきと思います。先行者利益がありますし、やるかやらないかを迷う時間がとてももったいないと思います。やらないのならそれでよし、やるのならすぐ行動に移しましょうといいたいです。

やってみないとわからないことがほとんどですから、とりあえず走りながら考える姿勢ですね。

そのとおりです。小さな金額で始められるのが民泊の魅力の1つですから。小ロットでリスク最小限から始めて徐々に大きくしていけばいいと思います。

この本を読んでいる人のなかにはすでに不動産投資をやっている人も多いと思います。そういった人は民泊を行ううえでとても優位性が高いと思います。不動産投資の知識は、そのまま民泊で活用できることが多いですから。

そのままいけますね。私は、民泊は不動産投資の1つの手法と思っています。

不動産という箱を住居用に貸すこともできるし、宿泊事業に回すこともできる。選択肢ができるということですね。

そうなんですよ。不動産投資のなかに賃貸とか民泊とかレンタルスペースとかいろいろなジャンルがあります。戸建て物件があるのなら、その戸建てを活用するための複数の武器を自分のなかに持つというイメージです。

宗華さんが運営している
東京都中野の戸建て民泊

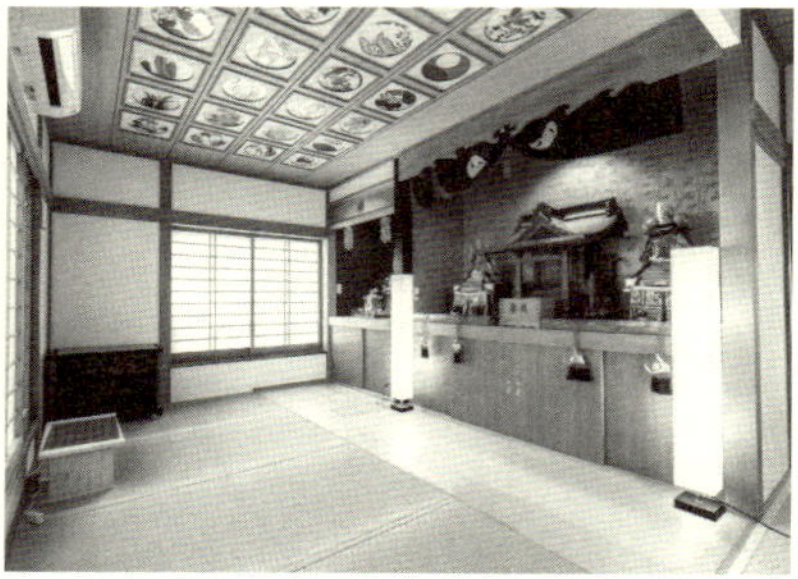

宗華さんが運営している
千葉県船橋の戸建て民泊

宗華さん

YouTube　民泊YouTube大学
https://www.youtube.com/@minpakudaigaku

あとがき

本書を最後までお読みいただきありがとうございました。

不動産投資はお金儲けの手段であることはもちろんですが、それだけで終わらずにとても楽しいものです。私は楽しんで戸建て物件の再生や運営をしています。私のまわりの大家さんも同じです。私は不動産投資を始めて、少し漠然とした言い方ですが、人生が豊かになった実感があります。この本が、読者の皆さまが不動産投資と出会い、人生を豊かにする手助けになってくれることがあれば本当にいうことはありません。

紙幅の都合で書ききれなかった内容がまだあります。気になる方は私のＬＩＮＥ公式アカウントで情報発信していますので覗いてみてください。登録いただいた方に次のレポートを進呈します。また、私が運営するコミュニティ「戸建投資クラブ」に参加希望の方はＬＩＮＥ登録後に「戸建投資クラブに参加希望」とメッセージしてください。折り返し案内をお送りします。

- 空き家を買って資産を増やし続ける方法
- 物件購入で失敗しないための購入前チェックシート
- 地方戸建の魅力を全開にする賃貸募集条件
- 簡単にネットでリサーチできる、物件購入時に使えるサイト一覧

サーファー薬剤師LINE公式アカウント
https://line.me/R/ti/p/%40nbl3148z

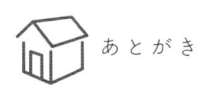

著者紹介

宮崎 俊樹（サーファー薬剤師）

1980年、東京都足立区生まれ。
薬科大学卒業後に薬剤師免許取得。その後、かねてからの夢であったオーストラリアワーキングホリデーに行き、サーフィン、海外生活を満喫し帰国。帰国後は千葉で薬剤師のパートをするかたわらネットショップを立ち上げ、インドネシアからハンモックチェアを輸入販売するが、ネット通販の厳しさの前に断念。
進むべき道に迷っているときに著名不動産投資家の石原博光さんに出会い、不動産投資の勉強を始める。家賃3万2000円の激安アパートに引っ越し節約しながら資金をつくり、2012年に第1号の物件を取得。これまでに購入した戸建ては37戸で、購入価格帯は200 ～ 400万円、平均の利回りは20%超。2019年から賃貸業のかたわら戸建てを用いた宿泊事業も行っており、中古の貸別荘1棟、新築貸別荘2棟を運営している。
登録者数1万7000人のYouTubeチャンネルで戸建てに特化した情報を発信中。

YouTube　サーファー薬剤師不動産投資家
https://www.youtube.com/channel/UCT2ttoUX9gQ598oG9Jk_jdg

空《あ》き家《や》は使《つか》える！
戸建《こだ》て賃貸《ちんたい》テッパン投資法《とうしほう》
2nd《せかんど》エディション

カバーデザイン…bookwall
カバーイラスト…オオイシチエ
本文デザイン＋レイアウト…矢野のり子＋島津デザイン事務所
本文イラスト…中山成子

2025年1月24日　初版　第1刷発行

著　者　宮崎《みやざき》 俊樹《としき》（サーファー薬剤師《やくざいし》）
発行者　片岡 巌
発行所　株式会社技術評論社
東京都新宿区市谷左内町21-13
電話　03-3513-6150　販売促進部
03-3513-6185　書籍編集部
印刷／製本　港北メディアサービス株式会社

定価はカバーに表示してあります。

ISBN978-4-297-14624-5 C0034
Printed in Japan

お問い合わせについて
本書は情報の提供のみを目的としています。最終的な投資の意思決定は、お客様ご自身の判断でなさるようお願いいたします。本書の情報に基づいて被ったいかなる損害についても、著者および技術評論社は一切の責任を負いかねます。
本書の内容に関するご質問は弊社Webサイトの質問用フォームからお送りください。そのほか封書もしくはFAXでもお受けしております。
本書の内容を超えるものや個別の投資コンサルティングに類するご質問にはお答えすることができません。あらかじめご承知おきください。

〒162-0846
東京都新宿区市谷左内町21-13
（株）技術評論社　書籍編集部
『空き家は使える!戸建て賃貸テッパン投資法 2ndエディション』質問係
FAX　03-3513-6181
質問用フォーム
https://gihyo.jp/book/2025/978-4-297-14624-5

なお、訂正情報が確認された場合には、https://gihyo.jp/book/2025/978-4-297-14624-5/support に掲載します。